いちばんわかりやすい！

消防設

合格テ

JN000735

成美堂出版

本書の使い方

◆ここが Point!
レッスンにおける学習のポイントです。まずはここを押さえましょう。

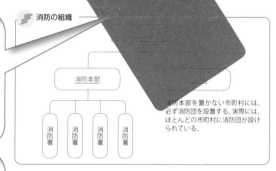

消防の組織

ここが Point!
消防の組織のしくみや、消防長、消防署長などの役職名、消防吏員とそれ以外の消防職員の違いを覚えよう。

◆基礎知識を押さえよう！
各テーマの内容を、図表等を盛り込み、わかりやすく解説しています。

基礎知識を押さえよう！

1. 消防本部・消防署・消防団
　消防組織法という法律により、地域の消防について責任を負い、その費用を負担するのは、市町村の役割とされている。多くの場合、市町村には消防本部が置かれ、その下に　　　が設置される。消防本部は、いくつかの市町村にまたがって置かれることもある。消防本部を置かない市町村には、必ず消防団を設けなければならない。

🔥 **消防の組織**

消防本部

消防署　消防署　消防署　消防署

消防本部を置かない市町村には、必ず消防団を設置する。実際には、ほとんどの市町村に消防団が設けられている。

◆赤シート対応
付属の赤シートを利用すれば、穴埋め問題としても活用できます。上手に使いましょう。

◆ポイントを丸暗記！
重要な内容や用語をまとめました。
赤シートも利用しましょう。

ポイントを丸暗記！

1 地域の消防の責任を負うのは、市町村である。

市町村の消防は、市町村長が管理する。市町村の消防にかかる費用は、その市町村が負担する。

◆重要用語を覚えよう！
少し難しい重要用語を説明しています。

重要用語を覚えよう！

遊技場

設備を設けて、多数の客に、パチンコ、麻雀、ビリヤード、卓球、ボウリング、囲碁、将棋その他の遊技をさせる施設。

⚠ **こんな選択肢に注意！**

> 消防同意を必要とする建築物の建築主は、建築主事等に建築確認を申請~~するとともに~~、消防長または消防署長の同意を得なければならない。
>
> 確認申請は建築主が行うが、消防同意を求めるのは建築主ではなく、建築主から建築確認の申請を受けた<u>建築主事</u>等である。

◆**こんな選択肢に注意！**
実際に出題された際に間違いやすい内容をまとめています。

ゴロ合わせで覚えよう！

市町村に設置する消防機関

市長

しょっぱいコンブと、しょっぱいダンゴ。
（消防本部）　　　　　　（消防団）

どちらにします？　市長さん！
（どちらかを設ける）　（市町村）

⊕市町村には、少なくとも、<u>消防本部</u>または<u>消防団</u>のいずれかを設けなければならない。

◆**ゴロ合わせで覚えよう！**
重要な箇所や覚えにくい内容などを、ゴロ合わせにしました。

✏ **練習問題にチャレンジ！**

問　題　　▶解答と解説は p.85 ～ 90

問題01

消防法に規定する用語について、正しいものは次のうちどれか。

1　防火対象物とは、山林または舟車、船きょもしくはふ頭に繋留された船舶、建築物その他の工作物またはこれらに属する物をいう。
2　消防対象物とは、山林または舟車、船きょもしくはふ頭に繋留された船舶、建築物その他の工作物もしくはこれらに属する物をいう。
3　関係者とは、防火対象物の所有者、管理者または占有者をいう。
4　関係のある場所とは、防火対象物のある場所をいう。

→ Lesson 02

◆**練習問題にチャレンジ！**
各章末には、レッスンで学んだことを復習できる練習問題を掲載しています。知識が身に付いているか、確認しましょう。

※ここに掲載しているページは見本のため、本文と一致しません。

本書は原則として、2023 年 4 月 1 日現在の法令等に基づいて編集しています。以降も法令等の改正があると予想されますので、最新の法令等を参照して本書を活用してください。

CONTENTS

3章　機械に関する基礎的知識

4章　消火器の構造・機能・整備

5章　消火器の規格

6章　実技試験（鑑別等）関連

※本書では、解説等の作成にあたり、次の会社の方々に製品等の写真をご提供いただきました。ご協力につきまして厚く御礼申し上げます。（敬称略、50音順）
株式会社栗田製作所、株式会社高島計器、株式会社初田製作所、
シンワ測定株式会社、日酸TANAKA株式会社、ヤマトプロテック株式会社

消防設備士6類　試験ガイダンス

消防設備士の役割

◆消防設備士の活躍の場

　劇場、デパート、ホテルなどの建物は、その用途、規模、収容人員に応じて屋内消火栓設備、スプリンクラー設備、自動火災報知設備などの消防用設備等又は特殊消防用設備等の設置が法律により義務づけられており、それらの**工事、整備等を行う**には、消防設備士の資格が必要です。

◆消防設備士の免状の種類

　消防設備士には甲種と乙種があり、甲種は消防用設備等の工事・整備・点検、乙種は整備・点検を行うことができます。本書は、**消火器の整備、点検**を行うことができる、**第6類消防設備士試験**を対象としています。

免状の種類		工事整備対象設備等
甲　種	特　類	特殊消防用設備等 （従来の消防用設備等に代わり、総務大臣が当該消防用設備等と同等以上の性能があると認定した設備等）
甲種又は乙種	第1類	屋内消火栓設備、スプリンクラー設備、水噴霧消火設備、屋外消火栓設備、パッケージ型消火設備、パッケージ型自動消火設備、共同住宅用スプリンクラー設備
	第2類	泡消火設備、パッケージ型消火設備、パッケージ型自動消火設備、特定駐車場用泡消火設備
	第3類	不活性ガス消火設備、ハロゲン化物消火設備、粉末消火設備、パッケージ型消火設備、パッケージ型自動消火設備
	第4類	自動火災報知設備、ガス漏れ火災警報設備、消防機関へ通報する火災報知設備、共同住宅用自動火災報知設備、住戸用自動火災報知設備、特定小規模施設用自動火災報知設備、複合型居住施設用自動火災報知設備
	第5類	金属製避難はしご、救助袋、緩降機
乙　種	第6類	消火器
	第7類	漏電火災警報器

消防設備士試験の概要

◆願書・受験案内などの入手
　受験案内、受験願書等は、（一財）消防試験研究センターの各支部等及び下記関係機関の窓口で受験希望者に無料で配布しています。
◎入手先
　各道府県：（一財）消防試験研究センター各道府県支部及び関係機関・各消防本部
　東 京 都：（一財）消防試験研究センター本部・中央試験センター・都内の各消防署

◆受験の申請
　申請方法は、「書面申請」（願書の提出による申請）と「電子申請」があり、現住所・勤務地にかかわらず希望する都道府県において受験できます。電子申請は、（一財）消防試験研究センターのホームページから申込みができます。
　なお、以下の場合は電子申請できません。書面（受験願書）による受験申請を行ってください。
- 受験資格を証明する書類が必要な場合。
- 消防設備士試験で科目免除を希望し、資格証明の書類が必要な場合。
- 同一試験日に複数の受験を申請する場合。

　申請の受付期間は、都道府県ごと、また書面申請か電子申請かによっても異なります。手続きをする際には受付期間を必ず確認してください。

◆一部免除
　既に取得している消防設備士、電気工事士、電気主任技術者、技術士等の資格取得者は、試験科目の一部免除を受けることができる場合があります。詳細は受験案内、または、（一財）消防試験研究センターのホームページ内の「一部免除」で確認するか、（一財）消防試験研究センターへ直接お問い合わせください。
　https://www.shoubo-shiken.or.jp/shoubou/annai/subject.html
　TEL：03-3597-0220

◆受験資格
　消防設備士6類の試験は、誰でも受験できます。

◆試験科目と問題数

　試験は、マークシートでの筆記試験（四肢択一式）と実技試験（写真・イラスト・図面等を用いた記述式）で行われ、試験時間は1時間45分です。

　消防設備士6類試験の試験科目、問題数は次のとおりです。

	試験科目		問題数
筆　記	消防関係法令	共通	6問
		類別	4問
	機械に関する基礎的知識		5問
	消防用設備等の構造、機能及び整備の方法	構造、機能、整備	9問
		規格	6問
	合　計		30問
実　技	鑑別等		5問
	合　計		5問

◆免状交付までの流れ

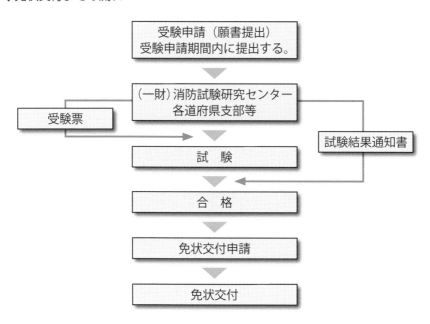

9

◆合格基準

　筆記試験において、各科目ごとに40%以上で全体の出題数の60%以上、かつ、実技試験において60%以上の成績を修めると合格となります。なお、試験の一部免除がある場合は、免除を受けた以外の問題で上記の成績を修めると合格となります。

◆合格発表

　支部別に合格者の受験番号が公示されるとともに、受験者には郵便ハガキで合否の結果が直接通知されます。

　また合格者については、消防試験研究センターのホームページ上に掲示されます。

試験に関する問合せ

　試験の詳細や申込み方法については、試験実施団体である一般財団法人 消防試験研究センターのホームページ等を参照してください。

一般財団法人　消防試験研究センター
　所在地：
　　〒 100-0013
　　千代田区霞が関 1-4-2 大同生命霞が関ビル 19 階
　　TEL：03-3597-0220
　　FAX：03-5511-2751
　　ホームページ：https://www.shoubo-shiken.or.jp/

　試験に関する情報は変わることがありますので、受験する場合は試験実施団体の発表する最新情報を、必ず事前にご自身で、ご確認ください。

いちばんわかりやすい！
消防設備士6類 合格テキスト

1章
消防関係法令（共通）

まず、これだけ覚えよう！

①法令用語の特徴を知ろう

　この章では、消防法をはじめとする消防関係の法令により定められているさまざまな制度や消防用設備等に関する規定のうち、消防設備士試験にもよく出題されている、特に重要なことがらを取り上げる（第6類の対象である消火器に関する規定は、次章で扱う）。

　法令に関する章なので、本文には法令の条文そのものや、条文にならった記述がよく出てくるが、法令の条文には、一般的な文章とはやや異なる、独特の表現が用いられることがあるので、文章が難しく、わかりにくいという印象を持つ人もいるかもしれない。

　ここでは、法令用語に見られるいくつかのきまりについて説明する。

以下のような法令用語の特徴を知っておくと、条文の内容を理解しやすくなるよ。

② 「及び」と「並びに」の使い分け

●いくつかのものを同列につなげるときは「及び」を用いる

　AとBを単に結びつけるときは、「A及びB」とする。A、B、C、D…のように結びつけるものの数が増えたときも、それらすべてが同列の関係である場合は、「及び」を用いる。その場合、「A及びB及びC及びD」とするのではなく、「A、B、C及びD」のように、最後にひとつだけ「及び」を入れるのが普通である。

●段階があるときは、上位に「並びに」を用いる

　A、B、C、D…のように結びつけるものの数が多く、しかも、それ

らの関係が同列ではなく、上位、下位の段階に分かれているときは、下位に「及び」を用い、上位には「並びに」を用いる。

③ 「または」と「もしくは」の使い分け

●いくつかのものを同列に並べるときは「または」を用いる

A、B、C、Dをすべて同列に並べる場合は、「A、B、Cまたは D」のように記す。

●段階があるときは、上位に「または」を用いる

最も上位の段階に「または」を用い、それよりも下位の段階には「もしくは」を用いる。

法令の条文では、通常、「または」は「又は」、「もしくは」は「若しくは」と記されているが、本書では、条文を引用する場合を除いてひらがなで記している。

④ 「その他」と「その他の」の使い分け

「A、B、Cその他D」と書かれている場合は、A、B、C、Dはそれぞれ独立していて、並列の関係にある（並列的例示）。

「A、B、Cその他のD」と書かれている場合は、A、B、CもDの中に含まれる（包括的例示）。

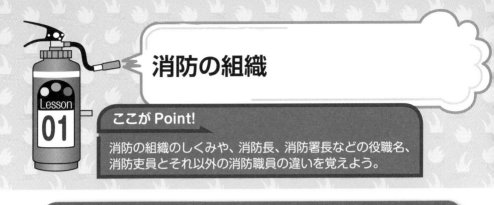

消防の組織

ここが Point!

消防の組織のしくみや、消防長、消防署長などの役職名、
消防吏員とそれ以外の消防職員の違いを覚えよう。

基礎知識を押さえよう！

1. 消防本部・消防署・消防団

　消防組織法という法律により、地域の消防について責任を負い、その費
用を負担するのは、市町村の役割とされている。多くの場合、市町村には
消防本部が置かれ、その下に消防署が設置される。消防本部は、いくつか
の市町村にまたがって置かれることもある。消防本部を置かない市町村に
は、必ず消防団を設けなければならない。

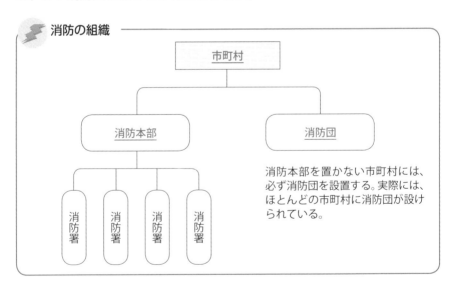

消防の組織

消防本部を置かない市町村には、
必ず消防団を設置する。実際には、
ほとんどの市町村に消防団が設け
られている。

　消防本部は、管内にある消防署を統括する機関である。消防署は、火災
が起きたときに現場に出動して消火活動を行うほか、出火原因の調査や火

14

災予防のための活動など、消防に関するさまざまな業務を行う。消防団は、地域住民の有志により構成される消防機関で、有事の際に招集され、消防活動を行う。

消防活動は地域に密着した仕事なので、市町村の責任において行われているんですね。

2. 消防吏員とそれ以外の消防職員

　消防本部や消防署に勤務する者を消防職員といい、そのうち、消防階級を持つ者を消防吏員という。火災の現場で消火・救急・救助などの業務を遂行するのは消防吏員である。消防吏員でない消防職員は、それ以外の一般事務などに従事する。

　消防本部の長は消防長、消防署の長は消防署長である。消防長、消防署長も、消防吏員に含まれる。

　消防団の構成員は、消防団員という。消防団員は非常勤の地方公務員で、普段は別の仕事をしている。消防団の長は消防団長である。

火災現場で消火活動を行う消防吏員のことを、一般に消防士と呼んでいるけれど、正式には、消防士とは消防吏員の階級のひとつなんだ。

消防の組織に勤務する者の呼称

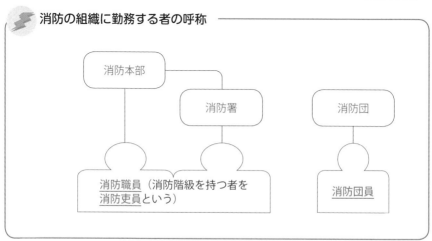

市長

塩

市町村に設置する消防機関

しょっぱいコンブと、しょっぱいダンゴ。
（消防本部）　　　　　　　　（消防団）

どちらにします？　市長さん！
（どちらかを設ける）　（市町村）

➡ 市町村には、少なくとも、消防本部または消防団のいずれかを設けなければならない。

ポイントを丸暗記！

1 地域の消防の責任を負うのは、市町村である。

市町村の消防は、市町村長が管理する。市町村の消防にかかる費用は、その市町村が負担する。

2 多くの市町村には消防本部が置かれ、その下に消防署が設置される。

消防本部は、いくつかの市町村にまたがって置かれることもある。消防本部を置かない市町村には、必ず消防団を設けなければならない。

3 消防職員のうち、消防階級を持つ者を消防吏員という。

消防本部や消防署に勤務する者を消防職員といい、そのうち、消防階級を持つ者を消防吏員という。

防火対象物・消防対象物

Lesson
02

ここが Point!

防火対象物と消防対象物の定義の違いを覚えよう。消防法令における「関係者」「関係のある場所」の意味にも注意。

基礎知識を押さえよう！

1. 防火対象物と消防対象物

　消防関係の法令によく出てくる用語のひとつに、防火対象物という言葉がある。防火対象物については、次章以降でくわしく取り上げていくことになるが、ひとまず簡単に説明すると、防火対象物とは、火災防止のために法令により設けられているさまざまな規制の、主な対象となる建造物等である。

　防火対象物は、消防法により次のように定義されている。

> 消防法第2条第2項
> 防火対象物とは、山林又は舟車、船きょ若しくはふ頭に繋留された船舶、建築物その他の工作物若しくはこれらに属する物をいう。

　ところで、防火対象物とよく似た言葉で、消防対象物という用語もある。消防対象物は、消防法により次のように定義されている。

> 消防法第2条第3項
> 消防対象物とは、山林又は舟車、船きょ若しくはふ頭に繋留された船舶、建築物その他の工作物又は物件をいう。

防火対象物と消防対象物の定義の違いは、「若しくはこれらに属する物」と「又は物件」の部分だけですね。この違いにはどういう意味があるんだろう？

このように、防火対象物、消防対象物という2つの用語は、言葉だけでなくその定義もよく似ているので、どこがどう違うのか、直感的には理解しにくい。そこで、p.12～13で取り上げた法令用語のきまりをこれらの条文に当てはめてみると、少しわかりやすくなる。

p.13の「または」と「もしくは」の使い分けの項で説明したように、法令の条文において「または」と「もしくは」が両方出てくるときは、「または」が最も上位の段階に用いられ、「もしくは」がそれよりも下位の段階に用いられている。この規則を当てはめると、防火対象物を定義する条文を、下図のように整理することができる。

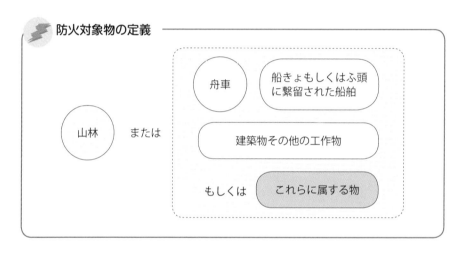

上図を見ると、「これらに属する物」とは、「舟車」「船きょもしくはふ頭に繋留された船舶」「建築物その他の工作物」のいずれかに属するもの、という意味であることがわかる。

続いて、消防対象物を定義する条文も同じように整理してみる。次ページの図を見ると、「または物件」の物件とは、「山林」「舟車」「船きょもしくはふ頭に繋留された船舶」「建築物その他の工作物」のどれでもない、それ以外のものであることがわかる。

物件という言葉はあまりにも漠然としていて、何にでも当てはまってしまうように感じられるが、実際に、その中には「山林または…建築物その他の工作物」以外のほとんどすべてのものが含まれると解釈されている。

つまり、消防対象物は防火対象物よりも範囲が広い。あるいは、範囲が限定されていない、と言ったほうがよいかもしれない。

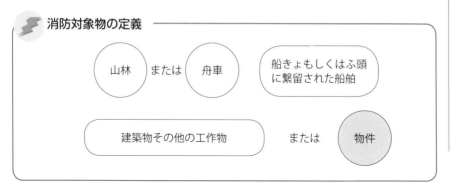

消防対象物の定義

| 山林 | または | 舟車 | 船きょもしくはふ頭に繋留された船舶 |

| 建築物その他の工作物 | または | 物件 |

　消防対象物には、消防活動の対象になるすべてのものが含まれる。要するに、消防対象物は、火災で燃える可能性があるすべてのもの、と考えておくとよい。

防火対象物と消防対象物の定義を区別する問題は試験によく出るよ。

漠然としていて、とても範囲が広そうな「物件」を含んでいるほうが消防対象物、と覚えておけばいいですね。

2. 関係者・関係のある場所

　消防法において、関係者とは、「防火対象物または消防対象物の所有者、管理者または占有者をいう」と定義されている。建築物の例で言うと、所有者は建物の登記名義人、管理者は建物を管理している管理会社や管理組合など、占有者は、賃貸契約を結ぶなどして実際に建物を使用している事務所、店舗等に相当する。

　関係のある場所とは、「防火対象物または消防対象物のある場所をいう」と定義されている。これらの用語も試験に出題されることがあるので、しっかり覚えておこう。

ポイントを丸暗記！

1 防火対象物とは、山林または舟車…（中略）…建築物その他の工作物もしくはこれらに属する物をいう。

定義の文に「これらに属する物」が含まれるのが、防火対象物である。

2 消防対象物とは、山林または舟車…（中略）…建築物その他の工作物または物件をいう。

定義の文に「物件」が含まれるのが、消防対象物である。

 重要用語を覚えよう！

舟車（しゅうしゃ）

船舶や車両のこと。

船きょ（せん）

船舶の建造や修理を行うドックのこと。漢字で書くと「船渠（せんきょ）」となる。

防火対象物の区分

ここが Point!

特定防火対象物と非特定防火対象物、それぞれに該当するものをしっかり覚えよう。

基礎知識を押さえよう！

1. 防火対象物の区分と特定防火対象物

　防火対象物には、用途に応じた区分が設けられている。その区分は、消防法施行令という政令の末尾に掲げられた「別表第一」に記載されているが、その内容をわかりやすくまとめたものが、次ページの表である。防火対象物に対する規制は、この用途区分と、それらの用途に供される部分の延べ面積、階数などに応じて定められている。

　なかでも、特定防火対象物については、特に規制が厳しくなっている。特定防火対象物は、防火対象物のうち「多数の者が出入りするものとして政令で定めるもの」と定義されている。具体的には、劇場、映画館、店舗、飲食店、病院、老人デイサービスセンター、幼稚園、蒸気浴場、地下街など、不特定多数の人が出入りする施設や、火災が発生した場合に避難が困難になるおそれがある場所、自力で避難することが困難な人がいる施設などが、特定防火対象物に含められている。　　　　　　　ゴロ合わせ ➡ p.302

　特定防火対象物となる用途区分を、特定用途という。特定防火対象物でない防火対象物を、非特定防火対象物と呼ぶことがある。

特定防火対象物と非特定防火対象物を区別する問題は、よく出題されるので注意しよう。

◇防火対象物の区分（消防法施行令別表第一による）

□ = 特定防火対象物

(1)	イ	劇場、映画館、演芸場または観覧場
	ロ	公会堂または集会場
(2)	イ	キャバレー、カフェー、ナイトクラブその他これらに類するもの
	ロ	遊技場またはダンスホール
	ハ	性風俗関連特殊営業を営む店舗等
	ニ	カラオケボックス、個室漫画喫茶、ネットカフェ等
(3)	イ	待合、料理店等
	ロ	飲食店
(4)		百貨店、マーケットその他の物品販売業を営む店舗または展示場
(5)	イ	旅館、ホテル、宿泊所等
	ロ	寄宿舎、下宿または共同住宅
(6)	イ	病院、診療所または助産所
	ロ	老人短期入所施設、養護老人ホーム、特別養護老人ホーム、乳児院、障害児入所施設等
	ハ	老人デイサービスセンター、老人福祉センター、老人介護支援センター、更生施設、助産施設、保育所、幼保連携型認定こども園、児童養護施設、児童自立支援施設、身体障害者福祉センター等
	ニ	幼稚園または特別支援学校
(7)		小学校、中学校、義務教育学校、高等学校、中等教育学校、高等専門学校、大学、専修学校、各種学校等
(8)		図書館、博物館、美術館等
(9)	イ	蒸気浴場、熱気浴場等
	ロ	蒸気浴場、熱気浴場等を除く公衆浴場
(10)		車両の停車場または船舶もしくは航空機の発着場
(11)		神社、寺院、教会等
(12)	イ	工場または作業場
	ロ	映画スタジオまたはテレビスタジオ
(13)	イ	自動車車庫または駐車場
	ロ	飛行機または回転翼航空機の格納庫
(14)		倉庫
(15)		事務所等（前各項に該当しない事業場）
(16)	イ	複合用途防火対象物（特定用途を含む）
	ロ	複合用途防火対象物（特定用途を含まない）
(16の2)		地下街
(16の3)		準地下街

03

防火対象物の区分

(17)	重要文化財等
(18)	延長 50m 以上のアーケード
(19)	市町村長の指定する山林
(20)	総務省令で定める舟車

小学校や中学校は非特定防火対象物だけれど、幼稚園は特定防火対象物なんですね。

2. 複合用途防火対象物

　前ページの表の(16)イ、ロは、複合用途防火対象物となっている。複合用途防火対象物とは、同じ建物の中に用途の異なる部分がある防火対象物をいう。その用途の中に特定用途が含まれる場合は、特定防火対象物とみなされる。

　都市部の繁華街などによく見られる雑居ビルは、複合用途防火対象物であり、その中に、飲食店や遊技場などの特定用途の部分が含まれる場合は、特定防火対象物でもある。

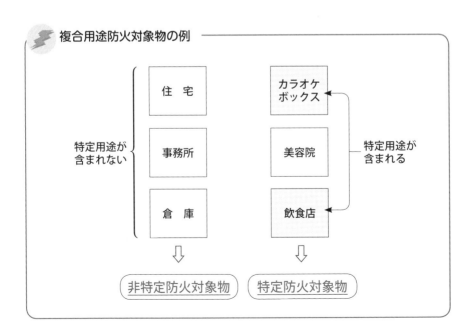

複合用途防火対象物の例

特定用途が含まれない：住宅／事務所／倉庫　⇨　非特定防火対象物

特定用途が含まれる：カラオケボックス／美容院／飲食店　⇨　特定防火対象物

ポイントを丸暗記！

1 幼稚園、特別支援学校は、<u>特定防火対象物</u>である。

小学校、中学校、義務教育学校、高等学校、中等教育学校、高等専門学校、大学、専修学校、各種学校等は、<u>非特定防火対象物</u>である。

2 図書館、博物館、美術館等は、<u>非特定防火対象物</u>である。

神社、寺院、教会等、工場、映画スタジオまたはテレビスタジオ、車庫または駐車場、倉庫、事務所等、重要文化財等も、<u>非特定防火対象物</u>である。

3 <u>複合用途防火対象物</u>とは、同じ建物の中に2以上の用途の異なる部分がある防火対象物をいう。

複合用途防火対象物は、その用途の中に特定用途が含まれる場合は、<u>特定防火対象物</u>となる。

重要用語を覚えよう！

遊技場

設備を設けて、多数の客に、パチンコ、麻雀、ビリヤード、卓球、ボウリング、囲碁、将棋その他の遊技をさせる施設。

蒸気浴場・熱気浴場

いわゆるサウナのこと。

準地下街

建築物の地階で、連続して<u>地下道</u>に面して設けられているものと、その地下道とを合わせた部分をいう（p.35 参照）。

24

火災予防のための措置命令・立入検査等

Lesson 04

ここがPoint!

措置命令等については、命令権者と受命者の関係が特に重要。試験によく出るのでしっかり押さえておこう。

基礎知識を押さえよう！

1. 屋外における火災予防のための措置命令

消防長※、消防署長その他の消防吏員は、屋外において「火災の予防に危険であると認める行為者」または「火災の予防に危険であると認める物件もしくは消火、避難その他の消防の活動に支障になると認める物件の所有者、管理者もしくは占有者で権原を有する者」に対し、以下のような措置を命ずることができる。

- 火遊び、喫煙、たき火、火を使用する設備もしくは器具または使用に際し火災の発生のおそれのある設備もしくは器具の使用、その他これらに類する行為の禁止、停止、制限、またはこれらの行為を行う場合の消火準備
- 残火、取灰または火粉の始末
- 危険物等の除去その他の処理
- 放置され、またはみだりに存置された物件の整理または除去

※ 消防本部を置かない市町村においては市町村長。この章において以下同様。

2. 立入検査等

消防長または消防署長は、火災予防のために必要があるときは、関係者に対して資料の提出を命じ、もしくは報告を求め、または消防職員（消防本部を置かない市町村においては、市町村の消防事務に従事する職員または常勤の消防団員）にあらゆる仕事場、工場もしくは公衆の出入りする場所その他の関係のある場所に立ち入って、消防対象物の位置、構造、設備

及び管理の状況を検査させ、もしくは関係のある者に質問させることができる。ただし、個人の住居は、関係者の承諾を得た場合または火災発生のおそれが著しく大であるため、特に緊急の必要がある場合でなければ、立ち入らせてはならない。

3. 防火対象物に対する措置命令

　消防長または消防署長は、防火対象物の位置、構造、設備または管理の状況について、火災の予防に危険であると認める場合、消火、避難その他の消防の活動に支障になると認める場合、火災が発生したならば人命に危険であると認める場合、その他火災の予防上必要があると認める場合には、権原を有する関係者（特に緊急の必要があると認める場合においては、関係者及び工事の請負人または現場管理者）に対し、防火対象物の改修、移転、除去、工事の停止または中止その他の必要な措置をとることを命ずることができる。

権原とは、ある行為を正当化する法律上の原因、つまり、法的な根拠のことだ。なし得る行為の範囲や地位を意味する「権限」とは、読みは同じでも意味が異なるので注意。

4. 防火対象物の使用禁止命令

　消防長または消防署長は、防火対象物の位置、構造、設備または管理の状況が下記のいずれかに該当する場合は、権原を有する関係者に対し、防火対象物の使用の禁止、停止または制限を命ずることができる。

- 防火対象物に対する措置命令等が履行(りこう)されないか、履行されても十分でないか、期限までに完了する見込みがないために、引き続き、火災の予防に危険であると認める場合、消火、避難その他の消防の活動に支障になると認める場合、または、火災が発生したならば人命に危険であると認める場合
- 防火対象物に対する措置命令等によっても、火災の予防の危険、消火、避難その他の消防の活動の支障、または、火災が発生した場合における人命の危険を除去することができないと認める場合

　以上のような措置命令等の規定において、命令を下すことができる者を命令権者といい、命令を受ける者を受命者という。本試験では、命令権者や受命者が誰であるかが問われることが多いので注意しよう。命令権者と受命者の関係を下図にまとめてみた。

 措置命令等の命令権者と受命者

屋外における火災予防のための措置命令

命令権者

消防長※1　消防署長
その他の消防吏員

↓

受命者

火災の予防に危険であると認める行為者
または
物件※2の所有者、管理者もしくは占有者で権原を有する者

防火対象物に対する措置命令・使用禁止命令

命令権者

消防長※1　消防署長

↓

受命者

関係者で権原を有する者

資料の提出・報告の要求

命令権者

消防長※1　消防署長

↓

受命者

関係者

※1 消防本部を置かない市町村においては市町村長。
※2 ここでは、「火災の予防に危険であると認める物件」もしくは「消火、避難その他の消防の活動に支障になると認める物件」のこと。

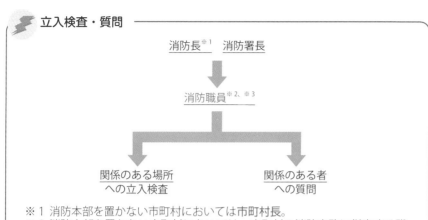

立入検査・質問

消防長※1　消防署長

↓

消防職員※2、※3

関係のある場所
への立入検査　　　　　関係のある者
　　　　　　　　　　　への質問

※1 消防本部を置かない市町村においては市町村長。
※2 消防本部を置かない市町村においては、市町村の消防事務に従事する職員または常勤の消防団員。
※3 期日または期間を指定して行わせる場合は、消防団員でもよい。

ポイントを丸暗記！

1 屋外における火災予防のための措置を命ずることができるのは、消防長、消防署長その他の消防吏員である。

消防本部を置かない市町村においては、消防長に代わって市町村長が命令権者となる。

2 防火対象物に対する措置命令、使用禁止命令をすることができるのは、消防長または消防署長である。

消防本部を置かない市町村においては、消防長に代わって市町村長が命令権者となる。受命者は、権原を有する関係者である。

3 消防長または消防署長は、消防職員を関係のある場所に立ち入らせ、検査を行わせることができる。

消防本部を置かない市町村においては、市町村長または消防署長が、市町村の消防事務に従事する職員または常勤の消防団員に立入検査を行わせる。

建築確認と消防同意

ここが Point!

建築確認と消防同意の手続きの流れを理解しよう。それ
ぞれの手続きを誰が行うのか、よく確認しておこう。

基礎知識を押さえよう！

1. 建築確認と消防同意

　建築基準法等により定められた一定の建築物※の新築、増改築等をしよ
うとする場合、建築主は、事前に建築主事または指定確認検査機関に申請
し、その建築物が、建築基準法をはじめとする建築基準法令の規定に適合
するものであることの確認を受けて、確認済証の交付を受けなければなら
ない。この手続きを、建築確認という。

※ 建築確認を必要とする建築物の規定の詳細はここでは省略するが、建築基準法に定
　める特殊建築物、大規模建築物、都市計画法に基づいて都道府県が指定する都市計
　画区域・準都市計画区域における一般建築物等が含まれる。

　建築確認を行う建築主事等は、建築物の工事施工地または所在地を管轄
する消防長または消防署長の同意を得なければならない。この手続きを消
防同意という。

　建築主事等から同意を求められた消防長または消防署長は、その建築物
の計画が、消防法をはじめとする消防法令による建築物の防火に関する規
定や、それに基づく命令などに違反しないものであるときは、同意を与え、
その旨を通知しなければならない。

　その期限は、都市計画区域・準都市計画区域の一般建築物等の場合は同
意を求められた日から 3 日以内、その他の場合は 7 日以内とされている。
同意することができない事由があると認めるときは、これらの期限内に、
その事由を通知しなければならない。

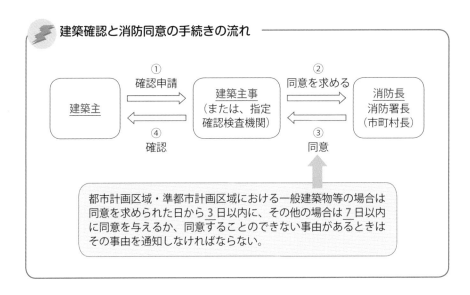

建築確認と消防同意の手続きの流れ

① 確認申請
建築主 → 建築主事（または、指定確認検査機関）
④ 確認

② 同意を求める
建築主事（または、指定確認検査機関） → 消防長 消防署長（市町村長）
③ 同意

都市計画区域・準都市計画区域における一般建築物等の場合は同意を求められた日から 3 日以内に、その他の場合は 7 日以内に同意を与えるか、同意することのできない事由があるときはその事由を通知しなければならない。

　建築確認は建築基準法に、消防同意は消防法に基づいて行われる、それぞれ異なる手続きであるが、消防同意がなされなければ、建築主事等は建築確認を行うことができない。

　上図は、建築確認と消防同意にかかわる一連の手続きの流れをまとめたものである。建築確認を申請するのは建築主だが、消防同意を求めるのは建築主ではなく、建築主から建築確認の申請を受けた建築主事等であることに注意しよう。

措置命令等の場合と同じく、誰が、誰に対して、何を行うのかをしっかり把握することが重要ですね。

2. 消防同意を要しない建築物

　建築確認に係る建築物が、下記の条件をすべて満たす場合は、消防同意を要しない。

〈消防同意を要しない住宅となる条件〉

- 都市計画法に定める防火地域及び準防火地域以外の区域における住宅であること。

- 長屋、共同住宅でないこと。
- 一戸建ての住宅で、住宅の用途以外の部分の面積が延べ面積の2分の1未満であること、または 50m² を超えないこと。

05

建築確認と消防同意

ポイントを丸暗記！

1 建築確認を行う<u>建築主事</u>等は、消防長または消防署長の同意を得なければならない。

建築確認を申請するのは<u>建築主</u>だが、消防同意を求めるのは建築主ではなく、建築主から建築確認の申請を受けた<u>建築主事</u>等である。

2 <u>消防長</u>または<u>消防署長</u>は、建築物の計画が消防法令等に違反していないときは、同意を与えなければならない。

都市計画区域・準都市計画区域の一般建築物等の場合は同意を求められた日から <u>3</u> 日以内、その他の場合は <u>7</u> 日以内に同意を与え、その旨を通知しなければならない。同意できない事由があるときは、期限内にその事由を通知しなければならない。

⚠ こんな選択肢に注意！

消防同意を必要とする建築物の建築主は、建築主事等に建築確認を申請する~~とともに~~、消防長または消防署長の同意を得なければならない。

確認申請は建築主が行うが、消防同意を求めるのは建築主ではなく、建築主から建築確認の申請を受けた<u>建築主事</u>等である。

消防同意については、出題例はそれほど多くないけれど、手続きの流れだけはしっかり押さえておこう。

防火管理者

Lesson
06

基礎知識を押さえよう！

1. 防火管理者の選任義務

　一定規模の防火対象物の管理について権原を有する者（管理権原者）は、
政令で定める資格を有する者から防火管理者を定め、以下の業務を行わせ
なければならない。

- 防火管理に係る消防計画を作成し、所轄消防長または消防署長に届け出
ること
- 消防計画に基づく消火、通報及び避難の訓練の実施
- 消防の用に供する設備、消防用水または消火活動上必要な施設の点検及
び整備
- 火気の使用または取扱いに関する監督
- 避難または防火上必要な構造及び設備の維持管理並びに収容人員の管理
- その他防火管理上必要な業務

　防火対象物の管理権原者は、防火管理者を定めたときは、遅滞なくその
旨を所轄消防長または消防署長に届け出なければならない。防火管理者を
解任したときも同様である。

2. 防火管理者を定めなければならない防火対象物

　防火管理者を定めなければならない防火対象物は、以下のとおりである。
①老人短期入所施設等の避難困難施設（p.22 の表の（6）ロに該当するも
の）と、それらの用途に供される部分がある複合用途防火対象物、それ

32

らの用途に供される部分がある地下街 …… 収容人員 10 人以上

②特定防火対象物（①に含まれるものと準地下街を除く）…… 収容人員 30 人以上

③非特定防火対象物（山林、舟車、アーケードを除く）…… 収容人員 50 人以上

準地下街、山林、舟車、アーケードは、収容人員にかかわらず、防火管理者を選任する必要はないんですね。

3. 防火管理者の選任要件

防火管理者に選任される者は、防火管理上必要な業務を適切に遂行することができる管理的または監督的な地位にある者で、かつ、以下に述べる資格を有する者でなければならない。

選任要件を満たす資格はいくつかあるが、都道府県知事、消防長または認定登録機関が実施する防火管理講習を受講して資格を取得する方法が一般的である。2 日間（おおむね 10 時間）の甲種防火管理講習を修了した者が甲種防火管理者、1 日間（おおむね 5 時間）の乙種防火管理講習を修了した者が乙種防火管理者となる資格を得る。このほか、一定の学識経験や実務経験を有する者などが有資格者とされている。

防火対象物の区分や延べ面積により、甲種防火管理者を選任しなければならないものと、甲種防火管理者、乙種防火管理者のどちらでも選任できるものがあり、前者を甲種防火対象物、後者を乙種防火対象物という。

〈甲種防火対象物となるもの〉

- 上記の①に含まれる防火対象物すべて
- 上記の②に含まれる防火対象物で、延べ面積 300m² 以上のもの
- 上記の③に含まれる防火対象物で、延べ面積 500m² 以上のもの

〈乙種防火対象物となるもの〉

- 上記の②に含まれる防火対象物で、延べ面積 300m² 未満のもの
- 上記の③に含まれる防火対象物で、延べ面積 500m² 未満のもの

◇**防火管理者を定めなければならない防火対象物**

用　途	特定防火対象物			非特定防火対象物^{※2}（p.33 の③）	
	老人短期入所施設等の避難困難施設を含むもの（p.32 の①）	左記以外のもの^{※1}（p.33 の②）			
収容人員	10 人以上	30 人以上		50 人以上	
延べ面積	すべて	300m² 以上	300m² 未満	500m² 以上	500m² 未満
区　分	甲種	甲種	乙種	甲種	乙種

※１ 準地下街を除く
※２ 山林、舟車、アーケードを除く

4. 統括防火管理者

　高層建築物その他政令で定める防火対象物で、管理について権原が分かれているものについては、管理権原者の協議により統括防火管理者を定め、防火対象物全体についての消防計画の作成等の、防火管理上必要な業務を行わせなければならない。統括防火管理者を選任しなければならないのは、以下の防火対象物のうち、管理権原が分かれているものである。

①高層建築物（高さ31mを超える建築物）
②老人短期入所施設等の避難困難施設(p.22 の表の(6)ロに該当するもの)
　及びそれらの用途に供される部分がある複合用途防火対象物のうち、地
　階を除く階数が3以上で、かつ、収容人員10人以上のもの
③特定防火対象物（②に含まれるものを除く）のうち、地階を除く階数が
　3以上で、かつ、収容人員30人以上のもの
④非特定用途の複合用途防火対象物のうち、地階を除く階数が5以上で、
　かつ、収容人員50人以上のもの
⑤地下街のうち、消防長または消防署長が指定するもの
⑥準地下街

5. 地下街と準地下街の扱いについて

　防火管理者を定めなければならない防火対象物、統括防火管理者を定めなければならない防火対象物に関する規定のうち、ややわかりにくいのが、

地下街と準地下街の扱いである。それらの規定を改めて整理すると、下表のようになる。

◇ **防火管理者、統括防火管理者を定めなければならない地下街と準地下街**

防火管理者を定めなければならないもの		統括防火管理者を定めなければならないもの
老人短期入所施設等の用途部分を含むもの…収容人員 10 人以上 上記以外…収容人員 30 人以上	地下街	管理権原が分かれているもので、消防長または消防署長が指定するもの
―	準地下街	管理権原が分かれているものすべて

地下街と準地下街のイメージ

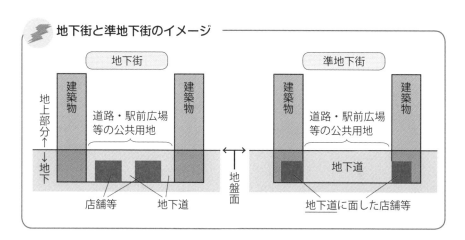

地下街　　建築物　道路・駅前広場等の公共用地　建築物　地上部分↑↓地下　地盤面　店舗等　地下道

準地下街　建築物　道路・駅前広場等の公共用地　建築物　地下道　地下道に面した店舗等

ゴロ合わせで覚えよう！

防火管理者を必要としない防火対象物

ジュンちゃん、地下街でアンケート
（準）　　　　　　（地下街）　　（アーケード）

「三輪車、舟、車？ どれも必要ないです」
（山林）　　（舟車）　　（防火管理者を必要としない）

⇒ 防火管理者を必要としない防火対象物は、準地下街、アーケード、山林、舟車である。

1 収容人員 <u>30</u> 人以上の特定防火対象物（老人短期入所施設等は <u>10</u> 人以上）は、防火管理者の選任が必要である。

収容人員 30 人以上（老人短期入所施設等は 10 人以上）で、地階を除く階数が 3 以上の特定防火対象物で、<u>管理権原が分かれている</u>ものには、統括防火管理者を選任しなければならない。

2 収容人員 <u>50</u> 人以上の非特定防火対象物には、防火管理者を選任しなければならない。

収容人員 50 人以上で、地階を除く階数が 5 以上の非特定防火対象物で、<u>管理権原が分かれている</u>ものには、統括防火管理者を選任しなければならない。

収容人員とは、防火対象物に出入りし、勤務し、または居住する者の数のことだ。

⚠️ こんな選択肢に注意！

複数の管理権原者がいる地下街には、~~すべて~~統括防火管理者を定めなければならない。

統括防火管理者を定めなければならない地下街は、管理権原が分かれているもので、<u>消防長または消防署長が指定する</u>ものである。

地下街や準地下街で規模の大きいものは、管理権原が分かれていることが多そうですね。

防災管理制度

Lesson 07

ここが Point!

防災管理制度については、今後出題例が増えてくる可能性もあるので要点をチェックしておこう。

基礎知識を押さえよう！

1. 防災管理制度

　防災管理制度は、地震等※の火災以外の災害の危険に対応し、それらの災害が発生した際の被害を軽減するために、2007（平成 19）年の消防法改正により設けられた制度である。災害発生時の円滑な避難誘導等が特に重要となる大規模・高層の防火対象物が、その対象とされている。後述するように、防災管理者が防火管理者の業務も行うこととされており、実際には、火災も含めた災害に対応する制度となっている。

※ 地震以外には「毒性物質の発散等の原因による特殊な災害」が想定されている。

2. 防災管理対象物

　防災管理制度の対象となる防火対象物は、防火管理者を定めなければならない防火対象物（p.32 〜 33 参照）のうち、下記①〜⑦のいずれかに該当するものである。これらを、防災管理対象物という。

①消防法施行令別表第一（p.22 〜 23 の表参照）の（1）〜（4）、（5）イ、（6）〜（12）、（13）イ、（15）、（17）に該当する防火対象物で、地階を除く階数が 11 以上、延べ面積 10,000m² 以上のもの

②①の下線部に該当する防火対象物で、地階を除く階数が 5 以上 10 以下、延べ面積 20,000m² 以上のもの

③①の下線部に該当する防火対象物で、地階を除く階数が 4 以下、延べ面積 50,000m² 以上のもの　　　　　　　　　　　ゴロ合わせ ➡ p.302

④①の下線部に該当する用途（以下、この項において「対象用途」とする）に供される部分を含む複合用途防火対象物で、対象用途部分の全部または一部が11階以上の階に存在し、対象用途部分の床面積の合計が10,000m²以上のもの

⑤対象用途に供される部分を含む複合用途防火対象物で、対象用途部分の全部が10階以下の階に、全部または一部が5階以上の階に存在し、対象用途部分の床面積の合計が20,000m²以上のもの

⑥対象用途に供される部分を含む複合用途防火対象物で、対象用途部分の全部が4階以下の階に存在し、対象用途部分の床面積の合計が50,000m²以上のもの

⑦延べ面積1,000m²以上の地下街

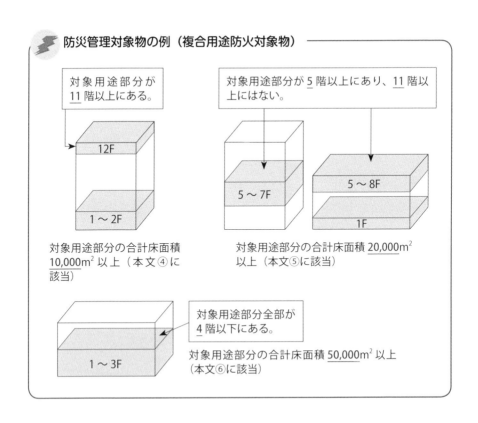

防災管理対象物の例（複合用途防火対象物）

対象用途部分が11階以上にある。

12F

1～2F

対象用途部分の合計床面積10,000m²以上（本文④に該当）

対象用途部分が5階以上にあり、11階以上にはない。

5～7F

5～8F

1F

対象用途部分の合計床面積20,000m²以上（本文⑤に該当）

対象用途部分全部が4階以下にある。

1～3F

対象用途部分の合計床面積50,000m²以上（本文⑥に該当）

　用途区分のみに注目すると、防災管理対象物は、消防法施行令別表第一に掲げられた用途区分から、「寄宿舎、下宿または共同住宅」「飛行機または回転翼航空機の格納庫」「準地下街」「アーケード」「山林」「舟車」を除いたものである。これらの用途を除く防火対象物のうち、階数、延べ面積等が上記の①〜⑦の条件に当てはまるものが防災管理対象物となる。

3. 防災管理者の選任義務

　防災管理対象物の管理権原者は、火災その他の災害の被害の軽減に関する知識を有する者で政令で定める資格を有する者から防災管理者を定め、以下の業務を行わせなければならない。

- 防災管理に係る消防計画を作成し、所轄消防長または消防署長に届け出ること
- 消防計画に基づく避難の訓練の実施
- その他防災管理上必要な業務

　このほか、防災管理対象物においては、防火管理者が行うべき業務（p.32参照）も、防災管理者が行うこととされている。防災管理対象物はすべて、甲種防火管理者を定めなければならない防火対象物（p.33参照）にも該当しているが、防災管理者のほかに防火管理者を選任する必要はない。

　防災管理対象物で、管理権原が分かれているものについては、管理権原者の協議により統括防災管理者を定め、防災管理対象物全体に係る消防計画の作成等の業務を行わせなければならない。

4. 防災管理者の選任要件

　防災管理者に選任される者は、防災管理上必要な業務を適切に遂行することができる管理的または監督的な地位にある者で、かつ、選任要件を満たす資格を有する者でなければならない。

　甲種防火管理講習（p.33参照）を修了し、さらに防災管理講習を修了した者は、防災管理者となる資格を得る。このほか、一定の学識経験や実務経験を有する者などが有資格者とされている。

5. 自衛消防組織

　防災管理対象物は、同時に、自衛消防組織を置かなければならない防火対象物（自衛消防組織設置防火対象物）にも定められている。自衛消防組織は、火災、地震等の災害時の初期活動や応急対策を円滑に行い、建築物の利用者の安全を確保するために、自衛消防組織設置防火対象物の管理権原者が設置するものである。管理権原が分かれている場合は、共同して自衛消防組織を設置することとされている。

ポイントを丸暗記！

1 防災管理制度は、地震等の火災以外の災害の危険に対応するために設けられたものである。

地震以外には「毒性物質の発散等の原因による特殊な災害」が想定されている。実際には、火災も含めた災害に対応する制度となっている。

2 防災管理対象物の管理権原者は、防災管理者を選任しなければならない。

防災管理者は、防災管理に係る消防計画を作成し、消防計画に基づく避難の訓練の実施その他防災管理上必要な業務を行うほか、防火管理者が行うべき業務も行う。

⚠ こんな選択肢に注意！

防火管理者が定められていれば、~~防災管理者を定めなくてよい。~~

防災管理対象物においては、防災管理者が、防火管理者が行うべき業務も行うので、防災管理者のほかに防火管理者を選任する必要はない。選択肢の記述は逆である。

防火対象物の点検と報告

Lesson 08

ここが Point!

防火対象物の点検を行わなければならない防火対象物を
覚えよう。消防用設備等の点検と混同しないように。

基礎知識を押さえよう！

1. 防火対象物の点検報告制度

　防火管理者を定めなければならない防火対象物（p.32 〜 33 参照）のうち、火災の予防上必要があるものとして政令で定めるものの管理権原者は、防火対象物における火災の予防に関する専門的知識を有する者で総務省令で定める資格を有する者（防火対象物点検資格者）に、1 年に 1 回、定期に防火対象物の点検を行わせ、その結果を、消防長または消防署長に報告しなければならない。

〈定期点検を行わなければならない防火対象物〉

• 準地下街を除く特定防火対象物で、収容人員 300 人以上のもの
• 特定 1 階段等防火対象物で、p.32 〜 33 の①②に該当するもの

　特定 1 階段等防火対象物とは、特定用途に供される部分が避難階以外の階（1 階及び 2 階を除く）にあり、そこから避難階または地上に直通する階段が 1 つしか設けられていないものをいう。ただし、階段が 1 つしかなくても、その階段が屋外に設けられている場合は、特定 1 階段等防火対象物とみなされない。

階段が 1 つしかないと、火災によりその階段を通行できなくなった場合に、避難が困難になりますね。

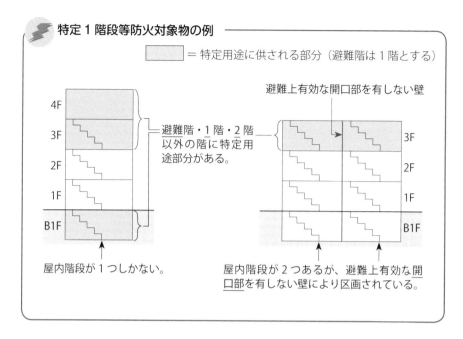

特定1階段等防火対象物の例

▨ = 特定用途に供される部分（避難階は1階とする）

避難上有効な開口部を有しない壁

4F
3F ── 避難階・1階・2階
   以外の階に特定用
2F   途部分がある。
1F
B1F

屋内階段が1つしかない。

3F
2F
1F
B1F

屋内階段が2つあるが、避難上有効な開口部を有しない壁により区画されている。

〈防火対象物点検資格者〉

・防火対象物点検資格者講習を修了した者
・上記講習を受講するには、消防設備士、消防設備点検資格者、または防火管理者としての3年以上の実務経験など、13項目ある受講資格のいずれかに該当しなければならない。

2. 消防用設備等の点検との違い

　防火対象物の点検報告制度は、この章のLesson 14で取り上げる消防用設備等の点検報告制度とは異なるので注意しよう。

　消防用設備等の点検とその結果の報告は、消防用設備等の設置が義務づけられている防火対象物（舟車を除く）において必ず行わなければならないものであるが、特定防火対象物の中でも規模が大きいものや、火災が発生した場合に避難等が困難で多大な被害が生じるおそれがあるものについては、消防用設備等の点検に加えて、**防火対象物全体**にわたる点検が義務づけられているのである。

消防用設備等の点検が、設備や機器の維持管理を目的とするものであるのに対し、防火対象物の点検では、防火管理者を選任しているか、訓練を行っているか、避難経路に障害となる物が置かれていないかなど、防火対象物の防火管理体制全体にかかわる点検を行う。

消防用設備等の点検はハード面の点検、防火対象物の点検はソフト面の点検ともいえる。

08

防火対象物の点検と報告

ポイントを丸暗記！

1 収容人員300人以上の特定防火対象物の管理権原者は、有資格者に防火対象物の点検をさせなければならない。

収容人員300人以上の特定防火対象物（準地下街を除く）、収容人員30人以上（p.22の表の（6）ロの用途を含むものは10人以上）の特定1階段等防火対象物の管理権原者は、有資格者に防火対象物の点検を行わせなければならない。

2 防火対象物の点検は、1年に1回行う。

管理権原者は、点検の結果を、消防長または消防署長に報告しなければならない。

重要用語を覚えよう！

避難階

直接地上へ通じる出入口がある階をいう。通常は1階であるが、建築物によっては1階以外の階が避難階となることもあり、避難階が複数存在することもある。

危険物の規制／防災規制

ここが Point!

製造所等において危険物取扱者以外の者が危険物を取り扱う場合の規定をしっかり押さえておこう。

基礎知識を押さえよう！

1. 消防法上の危険物

ゴロ合わせ ➡ p.303

　消防法上の危険物とは、消防法別表第一に掲げられた物品で、第 1 類から第 6 類に分類されている。危険物は、常温（20℃）において固体であるもの、液体であるもののどちらかで、常温において気体であるものは含まれていない。危険物には、きわめて燃焼しやすい物質と、そのもの自体は燃焼しないが他の物質の燃焼を著しく促進する物質がある。

◇消防法により定められた危険物（消防法別表第一による）

類　　別	性　　質	各類に共通する特徴と主な物品名
第 1 類	酸化性固体	自らは燃焼しないが、他の物質の燃焼（酸化）を著しく促進する。常温で固体。塩素酸カリウムなど。
第 2 類	可燃性固体	比較的低温で着火しやすく、燃焼速度が速い。常温で固体。赤りん、硫黄、マグネシウムなど。
第 3 類	自然発火性物質及び禁水性物質	空気または水と接触すると、直ちに危険性が生じる。常温で固体か液体。カリウム、ナトリウム、黄りん、リチウムなど。
第 4 類	引火性液体	液面から発生する可燃性の蒸気が空気と混合して燃焼する。常温で液体。ガソリン、灯油、軽油、重油など。
第 5 類	自己反応性物質	可燃性の物質で、多くのものは自ら酸素を供給して自己燃焼する。常温で固体か液体。ニトログリセリンなど。
第 6 類	酸化性液体	自らは燃焼しないが、他の物質の燃焼（酸化）を著しく促進する。常温で液体。過酸化水素、硝酸など。

　危険物には、品名ごとに指定数量が定められており、原則として、指定数量以上の危険物の貯蔵・取扱いを、危険物施設（製造所、貯蔵所、取扱所）以外の場所で行うことは禁じられている。

　貯蔵所には、屋内貯蔵所、屋外貯蔵所、屋内タンク貯蔵所、屋外タンク貯蔵所、地下タンク貯蔵所、簡易タンク貯蔵所、移動タンク貯蔵所がある。移動タンク貯蔵所は、車両に固定されたタンクにおいて危険物を貯蔵し、または取り扱うもので、ガソリン等を運搬するタンクローリーのことである。

　取扱所には、給油取扱所、販売取扱所、移送取扱所、一般取扱所がある。給油取扱所はいわゆるガソリンスタンド、移送取扱所は石油を移送するパイプラインである。

製造所、貯蔵所、取扱所をまとめて、製造所等と呼ぶ場合もあるよ。

2. 危険物取扱者

　製造所等において危険物を取り扱う場合は、危険物取扱者の資格を持つ者が自ら作業を行うか、危険物取扱者が作業に立ち会うことが必要である。すなわち、危険物取扱者以外の者は、危険物取扱者が立ち会わなければ、製造所等において危険物を取り扱ってはならない。この規定は、取り扱う危険物の数量には関係なく、製造所等において指定数量未満の危険物を取り扱う場合にも適用される。

　危険物取扱者の資格には、甲種、乙種、丙種の区分があり、甲種危険物取扱者は、すべての類の危険物の取扱いと、危険物取扱者以外の者による取扱作業の立会いができる。乙種危険物取扱者は、免状が第1類から第6類に分かれており、免状を取得した類の危険物の取扱いと、取扱作業の立会いができる。丙種危険物取扱者は、第4類の危険物の一部を取り扱うことができるが、取扱作業の立会いはできない。

立会いができるのは、甲種危険物取扱者と乙種危険物取扱者ですね。

3. 防炎規制

　火災が起きた場合に避難が困難になることが多い高層建築物や、多くの人が利用する特定防火対象物などは、防炎規制の対象になっている。防炎とは「燃えにくい」性質のことで、防炎規制の対象となる物品（防炎対象物品）のうち、政令で定める基準以上の防炎性能を有するものを、防炎物品という。防炎規制の対象となる防火対象物（防炎防火対象物）においては、防炎物品の使用が義務づけられている。

　防炎防火対象物、防炎対象物品は、それぞれ以下のように定められている。

〈防炎防火対象物〉

- 高層建築物（高さ31mを超える建築物）
- 地下街
- 特定防火対象物（p.22の表の（1）〜（4）、（5）イ、（6）、（9）イ、（16の3）に該当するもの）
- 特定用途を含む複合用途防火対象物の、特定用途の部分
- 映画スタジオまたはテレビスタジオ
- 工事中の建築物その他の工作物

〈防炎対象物品〉

- カーテン、布製のブラインド、暗幕、じゅうたん等
- どん帳その他舞台において使用する幕
- 展示用の合板、舞台において使用する大道具用の合板
- 工事用シート

　防炎物品としての基準を満たした製品には、防炎表示を付することができる。防炎表示が付されていない防炎対象物品やその材料は、防炎物品として販売し、または販売のために陳列してはならない。

防炎対象物品とされているのは、火災の際に炎が燃えひろがり、被害が拡大する原因になるおそれがあるものだ。

ゴロ合わせで覚えよう！

防炎規制の対象となる防火対象物

望遠レンズでスタジオ撮影
（防炎）　　　（スタジオ）

特に背の高いイケメンはコージ
（特定）（高層）　　　（工事中）

⇨防炎規制の対象となる防火対象物は、テレビスタジオ、映画スタジオ、特定防火対象物、高層建築物、工事中の建築物。

ポイントを丸暗記！

1 **指定数量**以上の危険物は、製造所等以外の場所で貯蔵し、または取り扱ってはならない。

製造所等とは、製造所、貯蔵所、取扱所である。

2 製造所等において危険物取扱者以外の者が危険物を取り扱うときは、**危険物取扱者**の立会いが必要である。

甲種危険物取扱者はすべての類の危険物の、乙種危険物取扱者は免状を取得した類の危険物の取扱作業の立会いができる。丙種危険物取扱者は、立会いはできない。

重要用語を覚えよう！

どん帳

劇場などで使用される厚手の幕で、巻き上げたり下ろしたりして開閉するものをいう。漢字では「緞帳」となる。

消防用設備等の種類

ここが Point!

消防用設備等の種類を覚え、それぞれの設備がどのように分類されているかを理解しよう。

基礎知識を押さえよう！

1. 消防用設備等の設置・維持の義務

　消防法施行令別表第一に掲げられた防火対象物（p.22 ～ 23 の表参照）の関係者は、政令で定める技術上の基準に従って、消防用設備等を設置し、維持しなければならない。

2. 消防用設備等の種類

　消防用設備等は、消防の用に供する設備、消防用水、消火活動上必要な施設からなり、消防の用に供する設備は、さらに、消火設備、警報設備、避難設備に分類されている。まず、この分類の構成をしっかり理解しておくことが重要だ。

　消防の用に供する設備、消防用水、消火活動上必要な施設のそれぞれに含まれる設備等は、次ページの表のとおりである。この表からもわかるように、消防の用に供する設備のうち、消火設備に含まれるものは、火災が発生したときに、水や消火薬剤等を放射して火炎を鎮め、延焼を食い止めるための設備である。

　警報設備は、防火対象物の関係者や建物の中にいる人、消防機関等に、火災の発生をしらせるための設備である。避難設備は、文字どおり、防火対象物の中にいる人を避難させるための設備である。消防用水がどのようなものであるかの説明は不要と思われるが、消防用水が「消防の用に供する設備」に含まれないことに注意しよう。

◇消防用設備等の種類

消防の用に供する設備	消火設備	・消火器及び簡易消火用具※1 ・屋内消火栓設備 ・スプリンクラー設備 ・水噴霧消火設備 ・泡消火設備 ・不活性ガス消火設備 ・ハロゲン化物消火設備 ・粉末消火設備　・屋外消火栓設備 ・動力消防ポンプ設備
	警報設備	・自動火災報知設備 ・ガス漏れ火災警報設備 ・漏電火災警報器 ・消防機関へ通報する火災報知設備 ・警鐘、携帯用拡声器、手動式サイレンその他の非常警報器具及び非常警報設備※2
	避難設備	・すべり台、避難はしご、救助袋、緩降機、避難橋その他の避難器具 ・誘導灯及び誘導標識
消防用水		・防火水槽またはこれに代わる貯水池その他の用水
消火活動上必要な施設		・排煙設備 ・連結散水設備 ・連結送水管 ・非常コンセント設備 ・無線通信補助設備

※1 簡易消火用具は、水バケツ、水槽、乾燥砂、膨張ひる石または膨張真珠岩
※2 非常警報設備は、非常ベル、自動式サイレン、放送設備

　消火活動上必要な施設とは、火災現場に出動した消防隊が、消火活動を効率よく行えるようにするための設備である。

　本試験では、個々の設備が上表のどの項に分類されているかが問われることがあるので、この表をよく見て、全体を把握しておこう。

> 例えば、「消火設備に含まれないものは次のうちどれか」というような問題が出ることがある。

（右側欄外：10　消防用設備等の種類）

3. 必要とされる防火安全性能を有する消防の用に供する設備等

　防火対象物の関係者は、通常用いられる消防用設備等に代えて、総務省令で定めるところにより消防長または消防署長が、その防火安全性能（火災の拡大を初期に抑制する性能、火災時に安全に避難することを支援する性能または消防隊による活動を支援する性能をいう）が通常用いられる消防用設備等の防火安全性能と同等以上であると認める消防の用に供する設備、消防用水または消火活動上必要な施設（以下、必要とされる防火安全性能を有する消防の用に供する設備等とする）を用いることができる。

　必要とされる防火安全性能を有する消防の用に供する設備等は、省令により設備ごとに規定される。必要とされる防火安全性能を有する消防の用に供する設備等としてこれまでに規定されたものとしては、屋内消火栓設備に代えて用いることができるパッケージ型消火設備、スプリンクラー設備に代えて用いることができるパッケージ型自動消火設備などがある。

4. 特殊消防用設備等

　防火対象物の関係者が、政令で定める技術上の基準に従って設置し、維持しなければならない消防用設備等と同等以上の性能を有する特殊の消防用設備等（以下、特殊消防用設備等とする）を、関係者が総務省令で定めるところにより作成する特殊消防用設備等の設置及び維持に関する計画に従って設置し、維持するものとして、総務大臣の認定を受けた場合は、政令で定める消防用設備等に代えて、特殊消防用設備等を用いることができる。

　特殊消防用設備等の認定は、個別の防火対象物に対してなされるもので、認定を受けた防火対象物についてのみ有効である。これまでに認定を受けた特殊消防用設備等には、排煙設備に代えて用いる加圧防煙システムなどの例がある。

新たな技術により、従来のものよりもすぐれた性能をもつ消防用設備等が開発されることもあるので、このような制度が設けられているんだ。

ポイントを丸暗記！

1 **消防用設備等は、消防の用に供する設備、消防用水、消火活動上必要な施設からなる。**

消防法施行令別表第一に掲げられた防火対象物（p.22〜23の表参照）の関係者は、政令で定める技術上の基準に従って、消防用設備等を設置し、維持しなければならない。

2 **消防の用に供する設備は、消火設備、警報設備、避難設備に分類されている。**

消火器は、消火設備に含まれる。

⚠ こんな選択肢に注意！

排煙設備、非常コンセント設備は、~~消防の用に供する設備~~である。

排煙設備、非常コンセント設備は、消火活動上必要な施設である。

消防用設備等の設置単位等

Lesson 11

基礎知識を押さえよう！

1. 消防用設備等の設置単位

　消防用設備等の設置及び維持の技術上の基準（以下、設置基準とする）は、原則として1棟の防火対象物を単位として適用される。ただし、以下のような例外がある。

①防火対象物が開口部のない耐火構造の床または壁で区画されているときは、その区画された部分を、それぞれ別の防火対象物とみなして設置基準を適用する。

②複合用途防火対象物は、それぞれの用途部分を1つの防火対象物とみなして設置基準を適用する。ただし、下記の設備については、1棟を単位として設置基準を適用する場合がある。

- スプリンクラー設備
- 自動火災報知設備
- ガス漏れ火災警報設備
- 漏電火災警報器
- 非常警報設備
- 避難器具
- 誘導灯

③地下街は、いくつかの用途に供されていても、全体を1つの防火対象物とみなして設置基準を適用する。

11

⚡ 消防用設備等の設置単位

耐火構造の壁で区画されていない場合

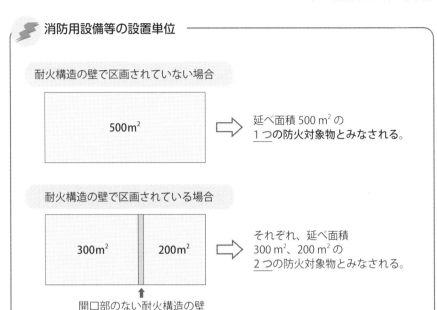

500m²
⇨ 延べ面積 500 m² の
1つの防火対象物とみなされる。

耐火構造の壁で区画されている場合

300m²　200m²
⇨ それぞれ、延べ面積
300 m²、200 m² の
2つの防火対象物とみなされる。

↑
開口部のない耐火構造の壁

⚡ 消防用設備等の設置単位（複合用途防火対象物の場合）

5 F	映画館	①
4 F	映画館	
3 F	飲食店	②
2 F	飲食店	
1 F	マーケット	③

原則として、それぞれの
用途部分（①、②、③）
を1つの防火対象物とみ
なして基準を適用する。

下記の設備については、1棟を単位として基準を適用する場合がある。

- スプリンクラー設備　・自動火災報知設備
- ガス漏れ火災警報設備　・漏電火災警報器
- 非常警報設備　・避難器具　・誘導灯

④特定防火対象物の地階で、地下街と一体をなすものとして消防長または消防署長が指定したものは、下記の設備については、地下街の一部とみなして設置基準を適用する。

- スプリンクラー設備
- 自動火災報知設備
- ガス漏れ火災警報設備
- 非常警報設備

⑤屋外消火栓設備、消防用水の設置基準においては、同一敷地内にある2以上の建築物の相互の水平距離が近接している場合、それらが1つの建築物とみなされる場合がある（耐火建築物及び準耐火建築物を除く）。

⑥建築物と建築物が渡り廊下、地下連絡路、または洞道により接続されている場合は、原則として1棟の建築物とみなして設置基準を適用する。ただし、一定の基準に適合している場合は、別棟として取り扱うことができる。

消防用設備等の設置基準は、防火対象物の延べ面積に応じて規定されていることが多いので、延べ面積が合算されることにより、より厳しい基準が適用される場合がある。

イラスト一目で丸暗記

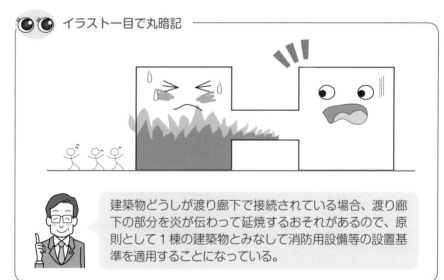

建築物どうしが渡り廊下で接続されている場合、渡り廊下の部分を炎が伝わって延焼するおそれがあるので、原則として1棟の建築物とみなして消防用設備等の設置基準を適用することになっている。

2. 市町村条例による消防用設備等の設置基準の規定

市町村は、その地方の気候または風土の特殊性により、消防用設備等の設置基準に関する政令またはこれに基づく命令の規定のみによっては防火の目的を十分に達し難いと認めるときは、市町村の条例により、政令またはこれに基づく命令の規定と異なる規定を設けることができる。

ただし、市町村条例による規定を設けることができるのは、政令で定める基準よりも厳しい規定を設ける場合に限られる。

市町村条例により、政令で定める基準を緩和することは認められていないんですね。

3. 消防用設備等の設置・維持命令

消防長または消防署長は、防火対象物における消防用設備等が設置基準に従って設置され、または維持されていないと認めるときは、防火対象物の関係者で権原を有する者に対し、消防用設備等を設置基準に従って設置すべきこと、または、その維持のために必要な措置をなすべきことを命ずることができる。

この命令に違反して消防用設備等を設置しなかった者は1年以下の懲役または100万円以下の罰金に、命令に違反して消防用設備等の維持のために必要な措置をしなかった者は30万円以下の罰金または拘留に処せられる。

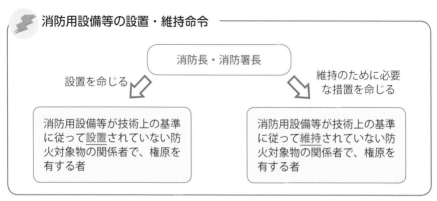

消防用設備等の設置・維持命令

消防長・消防署長

設置を命じる → 消防用設備等が技術上の基準に従って設置されていない防火対象物の関係者で、権原を有する者

維持のために必要な措置を命じる → 消防用設備等が技術上の基準に従って維持されていない防火対象物の関係者で、権原を有する者

1 消防用設備等の設置基準は、原則として <u>1 棟</u>の防火対象物を単位として適用される。

ただし、防火対象物が開口部のない<u>耐火構造</u>の床または壁で区画されているときは、その区画された部分を、それぞれ別の防火対象物とみなして設置基準を適用する。

2 複合用途防火対象物は、<u>それぞれの用途部分</u>を 1 つの防火対象物とみなして設置基準を適用する。

ただし、<u>スプリンクラー設備</u>、<u>自動火災報知設備</u>、ガス漏れ火災警報設備、漏電火災警報器、非常警報設備、避難器具、誘導灯については、1 棟を単位として設置基準を適用する場合がある。

3 <u>市町村条例</u>により、政令で定める消防用設備等の設置基準と異なる規定を設けることができる。

その地方の<u>気候</u>または<u>風土</u>の特殊性をかんがみて、市町村条例により、政令またはこれに基づく命令の規定と異なる規定を設けることができる。ただし、政令で定める基準よりも厳しい規定を設ける場合に限られる。

 重要用語を覚えよう！

耐火構造

壁、柱、床その他の建築物の主要構造部の耐火性能が、政令で定める基準に適合する構造をいう。<u>鉄筋コンクリート</u>造、れんが造など。耐火建築物とは、主要構造部が耐火構造であるか、それに準ずる性能を有する建築物をいう。

洞道（とうどう）

送電線、通信ケーブル、ガス管、空調設備の風道などの配線・配管類を敷設するための専用の<u>地下道</u>をいう。

既存防火対象物の適用除外

Lesson
12

ここが Point!

既存防火対象物に対する改正法令の適用除外の規定を理解し、適用除外とならない場合についても覚えよう。

基礎知識を押さえよう！

1. 既存防火対象物に対する改正法令の適用除外

　消防用設備等の設置基準は、法令の改正により変更されることがある。設置基準がより厳しくなったために、既存の防火対象物にすでに設置されている消防用設備等が、現行の（改正後の）基準に適合しなくなる場合もある。しかし、設置基準が変更されるたびに、消防用設備等を新しい基準に適合させなければならないとなると、防火対象物の関係者に大きな負担を強いることになってしまう。

　そのため、既存の防火対象物に設置されている消防用設備等が現行の基準に適合しない場合は、現行の基準の適用を除外し、従前の（改正前の）基準を適用するという特例が設けられている。改正法令の施行時に、新築、増築、改築、移転、修繕もしくは模様替えの工事中であった防火対象物についても同様である。

　ただし、特定防火対象物の場合は、改正後の基準は適用除外とされず、既存の特定防火対象物に対しても、常に現行の基準が適用される。

　また、下記の消防用設備等については、既存の防火対象物に対しても、常に現行の基準が適用される。

- 消火器
- 簡易消火用具
- 二酸化炭素消火設備（全域放出方式のものに関する所定の基準）
- 自動火災報知設備（特定防火対象物と重要文化財等に設置されるもの）
- ガス漏れ火災警報設備（特定防火対象物と温泉設備のある防火対象物に

設置されるもの）
- 漏電火災警報器
- 非常警報設備及び非常警報器具
- 避難器具
- 誘導灯及び誘導標識
- 必要とされる防火安全性能を有する消防の用に供する設備等で、消防庁長官が定めるもの

新たに定められた法令を過去にさかのぼって適用することを、遡及適用という。既存防火対象物の適用除外とは、特例として遡及適用がなされない場合のことだ。

2. 従前の基準にも適合していない場合

　改正法令の施行時に、既存の防火対象物に設置されている消防用設備等が、従前の基準にも適合していない場合（つまり、以前から法令に違反していた場合）は、その防火対象物に対しては、現行の基準が適用される。

3. 大規模な増改築や修繕、模様替えを行った場合

　改正法令の施行後に、防火対象物の床面積の合計 1,000m² 以上、またはもとの延べ面積の 2 分の 1 以上の増改築を行った場合や、主要構造部である壁について、過半の修繕または模様替えの工事を行った場合は、その防火対象物に対しては、現行の基準が適用される。

4. 現行の基準に適合するに至った場合

　防火対象物の関係者が自主的に消防用設備等を設置・変更するなどして、現行の設置基準に適合するようになった場合は、その防火対象物に対しては、現行の基準が適用される。

4 の場合は、現行の基準に適合するようになった状態を、そのまま維持しなければならないということですね。

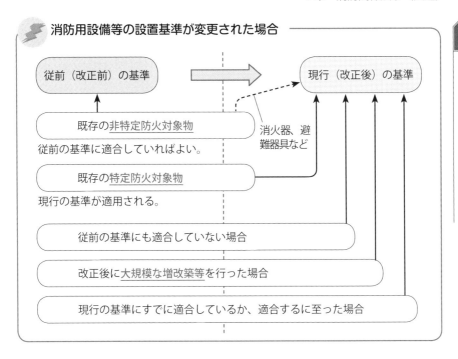

消防用設備等の設置基準が変更された場合

12
既存防火対象物の適用除外

5. 用途変更の場合の特例

　消防用設備等の設置基準は、防火対象物の用途に応じて定められているので、用途を変更した際に、消防用設備等が変更後の用途に応じた設置基準に適合しなくなることがある。このような場合は、変更前の用途に応じた設置基準を適用する。つまり、用途変更前の基準に適合していればよいとされている。ただし、以下の場合は、用途変更後の基準が適用される。

①用途変更により、特定防火対象物となった場合

②用途が変更される前も基準に適合していなかった場合

③用途変更後に、大規模な増改築、修繕、模様替えを行った場合

④関係者が自主的に消防用設備等を設置・変更したことにより、変更後の用途に応じた基準に適合するようになった場合

　用途変更の場合も、法令の改正により基準に適合しなくなった場合の規定とだいたい同じですね。

ポイントを丸暗記！

1 特定防火対象物に設置する消防用設備等については、常に現行の設置基準が適用される。

法令の改正により、既存の防火対象物に設置されている消防用設備等が現行の基準に適合しなくなった場合は、現行の基準を適用せず、従前の基準を適用する。ただし、特定防火対象物には、常に現行の設置基準が適用される。

2 防火対象物に設置されている消防用設備等が、従前の基準にも適合していない場合は、現行の基準が適用される。

改正法令の施行時に既存の防火対象物に設置されている消防用設備等が、従前の基準にも適合していない場合（つまり、以前から法令に違反していた場合）は、その防火対象物に対しては、現行の基準が適用される。

消防用設備等の届出と検査

Lesson 13

ここが Point!

消防用設備等を設置したときに届出を行い、検査を受けなければならない防火対象物を覚えよう。

基礎知識を押さえよう！

1. 消防用設備等の届出と検査

　下記の防火対象物の関係者は、消防用設備等を設置したときは、設置に係る工事が完了した日から4日以内に、その旨を消防長または消防署長に届け出て、検査を受けなければならない。

〈消防用設備等の設置届・検査を必要とする防火対象物〉

①カラオケボックス等（p.22 の表の（2）ニに該当するもの）

②旅館、ホテル、宿泊所等（（5）イ）

③病院、診療所または助産所（（6）イ）…無床診療所、無床助産所を除く。

④老人短期入所施設等（（6）ロ）

⑤老人デイサービスセンター等（（6）ハ）…利用者を入居させ、または宿泊させるものに限る。

⑥上記①〜⑤の用途部分を含む複合用途防火対象物、地下街、準地下街

⑦上記①〜⑥を除く特定防火対象物で、延べ面積300m² 以上のもの

⑧山林、舟車を除く非特定防火対象物で、延べ面積300m² 以上のもののうち、消防長または消防署長が、火災予防上必要があると認めて指定するもの

⑨特定1階段等防火対象物（p.41 参照）

　なお、これらの防火対象物においても、簡易消火用具、非常警報器具については、届出、検査ともに不要である。

消防長または消防署長は、消防用設備等を設置した旨の届出があったときは、遅滞なく検査を行わなければならない。検査の結果、防火対象物に設置された消防用設備等が設置基準に適合していると認めたときは、防火対象物の関係者に検査済証を交付するものとする。

2. 消防用設備等の着工届

消防用設備等を設置する場合、前項の設置届のほかに、設置工事を行う前にも届出（着工届）が必要である。着工届には、工事整備対象設備等の種類、工事の場所その他必要な事項を記入し、工事に着手しようとする日の 10 日前までに、消防長または消防署長に届け出なければならない。

着工届の提出は、工事をしようとする甲種消防設備士（p.72 参照）が行うこととされている。

着工届が必要なのは、消防用設備等の新設、増設、移設、取替え、改造を行う工事の場合で、補修、撤去のみを行う工事の場合は不要である。軽微な工事についても届出を省略できる場合がある。

着工届と設置届では、届出を行う者が異なる。期日の「4日以内」「10日前」も混同しやすいので注意しよう。

着工届と設置届

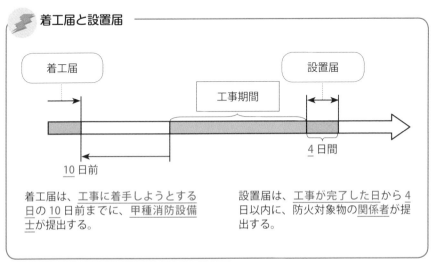

着工届は、工事に着手しようとする日の 10 日前までに、甲種消防設備士が提出する。

設置届は、工事が完了した日から 4 日以内に、防火対象物の関係者が提出する。

13

ゴロ合わせで覚えよう！

消防用設備等の着工届

どうか前のチャックを、
（10日前）　（着工）

こうして！
（甲種消防設備士）

⇨ 着工届は、工事に着手しようとする日の 10 日前までに、甲種消防設備士が提出する。

ポイントを丸暗記！

1 消防用設備等の設置届は、設置に係る工事が完了した日から 4 日以内に提出しなければならない。

設置届は、防火対象物の関係者が、消防長または消防署長に提出する。

2 消防用設備等の着工届は、工事に着手しようとする日の 10 日前までに提出しなければならない。

着工届は、甲種消防設備士が、消防長または消防署長に提出する。

 重要用語を覚えよう！

無床診療所・無床助産所

無床診療所は、患者を入院させるための施設を有しない診療所。無床助産所は、入所施設を有しない助産所。

消防用設備等の点検と報告

Lesson 14

ここが Point!

消防用設備等の点検を有資格者に行わせなければならない防火対象物とそうでないものを覚えよう。

基礎知識を押さえよう！

1. 消防用設備等の点検と報告

　消防法施行令別表第一に掲げられた防火対象物（p.22 ～ 23 の表参照）のうち、舟車を除く防火対象物の関係者は、防火対象物に設置した消防用設備等について定期に点検を行い（後述する場合においては、有資格者に点検を行わせ）、その結果を記録し、消防長または消防署長に報告しなければならない。

　下記の防火対象物においては、関係者が、資格を有する者（消防設備士または消防設備点検資格者）に消防用設備等の点検を行わせなければならない。その他の防火対象物においては、関係者が自ら点検を行うことができる。

〈有資格者に消防用設備等の点検をさせなければならない防火対象物〉

- 延べ面積 1,000m^2 以上の特定防火対象物
- 延べ面積 1,000m^2 以上の非特定防火対象物（山林、舟車を除く）で、消防長または消防署長が、火災予防上必要があると認めて指定するもの
- 特定 1 階段等防火対象物
- 全域放出方式の二酸化炭素消火設備が設けられている防火対象物

特定防火対象物であるかどうかと、延べ面積 1,000m^2 以上であるかどうかがポイントですね。

◇**消防用設備等の定期点検**

点検の種類	点検期間	点検事項
機器点検	6か月に1回	・消防用設備等に附置される非常電源（自家発電設備に限る）または動力消防ポンプの正常な作動の確認 ・消防用設備等の機器の適正な配置、損傷等の有無その他主として外観から判別できる事項の確認 ・消防用設備等の機能について、外観からまたは簡易な操作により判別できる事項の確認
総合点検	1年に1回	・消防用設備等の全部もしくは一部を作動させ、または使用することにより、総合的な機能を確認

14 消防用設備等の点検と報告

　消防用設備等の点検には**機器点検**と**総合点検**があり、原則として機器点検は6か月に1回、総合点検は1年に1回行うこととされている。

　点検結果の報告は、原則として特定防火対象物では1年に1回、非特定防火対象物では3年に1回行うこととされている。

　消防用設備等の点検を有資格者に行わせなければならない防火対象物とそうでないものを区別する問題は、試験によく出題されているので、前ページに記された条件をよく確認しておこう。

> 有資格者が点検を行う場合も、報告を行うのは関係者であることに注意しよう。

2. 消防用設備等の点検資格者

　消防用設備等の点検を有資格者に行わせなければならない場合、点検を行うことができるのは、消防設備士、または消防設備点検資格者の資格を持つ者である。

　消防設備士には特類と第1類から第7類の、消防設備点検資格者には特種、第1種、第2種の区分があり、それぞれ、点検できる消防用設備等の種類が異なる。第6類消防設備士が点検を行うことができる点検対象設備は、消火器と簡易消火用具である。

ゴロ合わせで覚えよう！

消防用設備等の定期点検

特別なせんべいだから、
（特定） 　　　（1,000 平米）

自分で食べちゃだめ！
（関係者が自ら行うのでなく、有資格者に）

↪ 延べ面積 1,000 m² 以上の特定防火対象物については、消防用設備等の点検を関係者が自ら行うのでなく、消防設備士または消防設備点検資格者に点検させなければならない。

ポイントを丸暗記！

1 延べ面積 1,000m² 以上の特定防火対象物に設置した消防用設備等の点検は、有資格者に行わせなければならない。

延べ面積 1,000m² 以上の非特定防火対象物（山林、舟車を除く）で、消防長または消防署長の指定を受けたものについても同様である。

2 機器点検は 6 か月に 1 回、総合点検は 1 年に 1 回行う。

消防用設備等の点検には機器点検と総合点検があり、機器点検は 6 か月に 1 回、総合点検は 1 年に 1 回行うこととされている。点検結果の報告は、特定防火対象物では 1 年に 1 回、非特定防火対象物では 3 年に 1 回行う。

消火器の点検については、4 章の Lesson 08 から Lesson 12 でくわしく説明するよ。

消防用機械器具等の検定制度

ここが Point!

消防用機械器具等の検定制度は、型式承認と型式適合検定からなる。それぞれの手続きの流れを覚えよう。

基礎知識を押さえよう！

1. 検定制度の対象品目

　消防の用に供する機械器具、設備、消火薬剤等のうち、一定の形状、構造、材質、成分及び性能を有しないときは火災の予防もしくは警戒、消火または人命の救助等のために重大な支障を生ずるおそれのあるものであり、かつ、その使用状況からみて、形状等についてあらかじめ検査を受ける必要があると認められるものについて、検定制度が設けられている。

　検定の対象となる機械器具等は、以下の品目である。

①消火器

②消火器用消火薬剤（二酸化炭素を除く）

③泡消火薬剤

④火災報知設備の感知器または発信機

⑤火災報知設備またはガス漏れ火災警報設備に使用する中継器

⑥火災報知設備またはガス漏れ火災警報設備に使用する受信機

⑦住宅用防災警報器

⑧閉鎖型スプリンクラーヘッド

⑨スプリンクラー設備等（スプリンクラー設備、水噴霧消火設備または泡
　消火設備）に使用する流水検知装置

⑩スプリンクラー設備等に使用する一斉開放弁

⑪金属製避難はしご

⑫緩降機

検定の対象になっているこれらの機械器具等（以下、検定対象機械器具等とする)は、検定に合格し、その旨の表示が付されているものでなければ、販売し、または販売の目的で陳列してはならないこととされている。また、検定対象機械器具等のうち、消防の用に供する機械器具または設備は、検定に合格した旨の表示が付されているものでなければ、設置、変更または修理の請負に係る工事に使用してはならない。

第6類の消防設備士が取り扱う消火器や消火器用消火薬剤も、検定の対象になっていますね。

2. 型式承認

検定は、型式承認と型式適合検定からなる。

型式承認とは、検定対象機械器具等の型式に係る形状等が、総務省令で定める技術上の規格に適合していることを承認する手続きで、承認を行うのは総務大臣である。型式承認を受けようとする者は、あらかじめ、日本消防検定協会（または登録検定機関）が行う型式試験を受けなければならない。型式試験を実施した機関からは、試験結果に意見を付した通知がなされる。型式承認を受けようとする者は、申請書に試験結果及び意見を記載した書面を添えて、総務大臣に申請しなければならない。

型式承認の申請を受けた総務大臣は、その申請に係る検定対象機械器具等の型式に係る形状等が技術上の規格に適合しているかどうかを審査し、適合しているときは、その型式について型式承認を行い、その旨を申請した者に通知するとともに、公示しなければならない。

3. 型式適合検定

型式適合検定とは、個々の検定対象機械器具等の形状等が、型式承認を受けた検定対象機械器具等の型式に係る形状等に適合しているかどうかについて行う検定である。型式適合検定を行うのは、日本消防検定協会（または型式試験を行った登録検定機関）である。

型式適合検定を行った機関は、型式適合検定に合格した検定対象機械器

具等に、その検定対象機械器具等の型式が型式承認を受けたものであり、かつ、その検定対象機械器具等が型式適合検定に合格したものである旨の表示を付さなければならない（p.238 ～ 239 参照）。

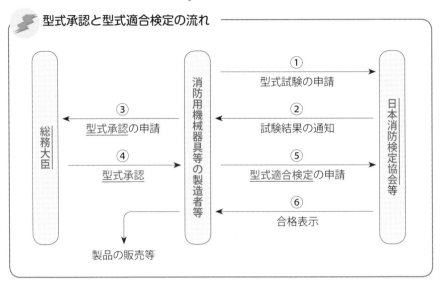

型式承認と型式適合検定の流れ

4. 型式承認の効力が失われた場合

　検定対象機械器具等の技術上の規格が変更されたために、すでに型式承認を受けた検定対象機械器具等の型式に係る形状等が、変更後の規格に適合しなくなることがある。このような場合、総務大臣は、型式承認の効力を失わせ、または一定の期間が経過した後に型式承認の効力が失われることとする。型式承認の効力が失われることを、型式失効という。

　総務大臣は、型式承認の効力を失わせたとき、または一定の期間が経過した後に型式承認の効力が失われることとしたときは、その旨を公示するとともに、型式承認を受けた者に通知しなければならない。

　型式承認の効力が失われたときは、その型式承認に係る検定対象機械器具等で、すでに型式適合検定に合格しているものについても、合格の効力が失われる。

型式承認

堅苦しいのは 性に合わない
（型式）　　　（承認）

そう、昔から！
（総）（務大臣）

⊖ 型式承認を行うのは、総務大臣。

ポイントを 丸 暗記！

1 消防の用に供する機械器具等の検定制度は、型式承認と型式適合検定からなる。

型式承認は総務大臣が、型式適合検定は日本消防検定協会（または登録検定機関）が行う。

2 型式適合検定に合格した検定対象機械器具等には、検定に合格したものである旨の表示が付される。

検定対象機械器具等のうち、消防の用に供する機械器具または設備は、検定に合格した旨の表示が付されているものでなければ、設置、変更または修理の請負に係る工事に使用してはならない。

 重要用語を覚えよう！

公示

公の機関が、あることがらを一般の人に発表し、広くしらせること。

消防設備士の業務

Lesson
16

ここが Point!

消防設備士免状の区分と、消防設備士の独占業務となる
業務の範囲を覚えよう。

基礎知識を押さえよう！

1. 消防設備士の業務独占

　消防法により、防火対象物に設置しなければならない消防用設備等、特
殊消防用設備等（p.50 ～ 51 参照）の工事（設置に係るものに限る）また
は整備のうち、政令で定めるものは、消防設備士免状の交付を受けた者で
なければ行ってはならないこととされている。

　このように、ある資格を有する者でなければ特定の業務を行うことがで
きないと定められていることを業務独占といい、そのような業務を独占業
務、そのような資格を業務独占資格という。消防設備士は業務独占資格で
ある。

　消防設備士でなければ工事・整備を行うことができない消防用設備等は
以下のとおりである（これらを、工事整備対象設備等という）。

〈消防設備士でなければ工事を行うことができない消防用設備等〉

①屋内消火栓設備[※1]

②スプリンクラー設備[※1]

③水噴霧消火設備[※1]

④泡消火設備[※2]

⑤不活性ガス消火設備[※2]

⑥ハロゲン化物消火設備[※2]

⑦粉末消火設備[※2]

⑧屋外消火栓設備[※1]

⑨自動火災報知設備[※2]

⑩ガス漏れ火災警報設備^{※2}

⑪消防機関へ通報する火災報知設備^{※2}

⑫金属製避難はしご（固定式のものに限る）

⑬救助袋

⑭緩降機

※1 ①～③、⑧については、電源、水源及び配管の部分を除く。
※2 ④～⑦、⑨～⑪については、電源の部分を除く。

〈消防設備士でなければ整備を行うことができない消防用設備等〉

- 上記①～⑭（※1、※2の除外規定についても同様）
- ⑮消火器
- ⑯漏電火災警報器

2. 甲種消防設備士と乙種消防設備士

　消防設備士免状は、甲種、乙種に分かれており、工事整備対象設備等の区分により、甲種消防設備士免状は、特類と第1類～第5類の計6種類、乙種消防設備士免状は、第1類～第7類の計7種類がある。

　甲種消防設備士の免状を有する者は、免状の区分に対応する設備等の工事と整備を、乙種消防設備士の免状を有する者は免状の区分に対応する設備等の整備のみを行うことができる。

　消防設備士免状の区分と工事対象設備等、業務範囲の関係を、次ページの表にまとめてある。

甲種消防設備士の免状には、第6類と第7類がないんですね。

特類の免状には乙種がなく、甲種だけだよ。

◇消防設備士免状の種類と業務範囲

免状の区分			工事整備対象設備等	除外となる工事・整備
種別	類別			
甲	—	特　類	特殊消防用設備等（p.50〜51参照）	電源・水源・配管
甲	乙	第1類	屋内消火栓設備、スプリンクラー設備、水噴霧消火設備、屋外消火栓設備	
甲	乙	第2類	泡消火設備	電源
甲	乙	第3類	不活性ガス消火設備、ハロゲン化物消火設備、粉末消火設備	
甲	乙	第4類	自動火災報知設備、ガス漏れ火災警報設備、消防機関へ通報する火災報知設備	
甲	乙	第5類	金属製避難はしご、救助袋、緩降機	
—	乙	第6類	消火器	—
—	乙	第7類	漏電火災警報器	
甲	乙	第1類 第2類 第3類	パッケージ型消火設備、パッケージ型自動消火設備（p.50参照）	電源・水源・配管

※ 甲種消防設備士は工事整備対象設備等の工事と整備を、乙種消防設備士は整備のみを行うことができる。

　特殊消防用設備等を対象とする特類には、整備のみを行うことができる乙種の免状がなく、甲種の免状を取得しなければ、工事も整備もできない。

　第6類の対象である消火器は設置が容易であること、また、第7類の対象である漏電火災警報器の設置工事を行うには電気工事士の資格が必要であることから、これらの類には、設置工事を独占業務とする甲種の免状が設けられていない。

　なお、以下に挙げる軽微な整備は、消防設備士でなくとも行うことができる。

• 屋内消火栓設備の表示灯の交換
• 屋内消火栓設備または屋外消火栓設備のホースまたはノズル、ヒューズ類、ネジ類等部品の交換
• 消火栓箱、ホース格納箱等の補修その他これらに類するもの

ゴロ合わせで覚えよう！

消防設備士の業務

おっと、待った！
（乙種）

こうしちゃだめ。こうしないと！
（工事をしてはいけない）（甲種の免状がないと）

⇒ 甲種消防設備士は、免状に指定された消防用設備等の工事と整備ができるが、乙種消防設備士ができるのは整備のみで、工事はできない。

ポイントを丸暗記！

1 甲種消防設備士は、工事整備対象設備等の工事と整備を行うことができる。

甲種消防設備士は、免状の区分に対応する工事整備対象設備等の工事と整備を行うことができる。

2 乙種消防設備士は、工事整備対象設備等の整備のみを行うことができる。

乙種消防設備士は、免状の区分に対応する工事整備対象設備等の整備を行うことができるが、工事を行うことはできない。

3 軽微な整備は、消防設備士でなくとも行うことができる。

屋内消火栓設備の表示灯の交換等の軽微な整備は、消防設備士でなくとも行うことができる。

消防設備士免状／講習の受講義務

Lesson 17

ここが Point!

消防設備士免状の書換え、再交付の手続き、講習の受講時期を覚えよう。

基礎知識を押さえよう！

1. 消防設備士免状

　消防設備士免状は、消防設備士試験に合格した者に対し、都道府県知事が交付する。免状は、交付を受けた都道府県だけでなく、全国どこでも有効である。

　甲種消防設備士試験には、受験資格が定められている。特類以外の甲種を受験するには、国家資格による受験資格、学歴による受験資格のいずれかを満たしていることが必要である。甲種特類を受験するには、甲種第1類から第3類までのいずれか1つと、甲種第4類、甲種第5類を含む3種類以上の免状の交付を受けていることが必要である。

　乙種消防設備士試験には、受験資格は定められておらず、誰でも受験することができる。

2. 免状の記載事項と免状の書換え

　消防設備士免状には、以下の事項を記載することが定められている。

- 免状の交付年月日及び交付番号
- 氏名及び生年月日
- 本籍地の属する都道府県
- 免状の種類
- 過去 10 年以内に撮影した写真

ゴロ合わせ ➡ p.303

免状の交付を受けている者は、免状の記載事項に変更を生じたときは、遅滞なく、免状に総務省令で定める書類を添えて、免状を交付した都道府県知事または居住地もしくは勤務地を管轄する都道府県知事に免状の書換えを申請しなければならない。

氏名、本籍地の属する都道府県が変わったときはそれを証明する書類を、免状に添付されている写真が撮影後 10 年経過したときは新しい写真を添えて、書換えの申請を行う。

3. 免状の再交付

免状の交付を受けている者は、免状を亡失し、滅失し、汚損し、または破損した場合には、免状の交付または書換えをした都道府県知事にその再交付を申請することができる。

免状を亡失して再交付を受けた者は、亡失した免状を発見した場合には、その免状を 10 日以内に免状の再交付をした都道府県知事に提出しなければならない。

免状の書換えと再交付では、申請先の規定が少し違いますね。書換えの場合は「居住地もしくは勤務地を管轄する都道府県知事」が含まれています。

免状の書換えは「申請しなければならない」なので義務。再交付は「申請することができる」だから義務ではない。この違いにも注意しよう。

4. 免状の返納命令と不交付

消防設備士が消防法または消防法に基づく命令の規定に違反しているときは、消防設備士免状を交付した都道府県知事は、免状の返納を命ずることができる。

都道府県知事は、以下の者に対しては、消防設備士免状を交付しないことができる。

• 免状の返納を命ぜられた日から起算して 1 年を経過しない者

- 消防法または消防法に基づく命令の規定に違反して罰金以上の刑に処せられた者で、その執行を終わり、または執行を受けることがなくなった日から起算して2年を経過しない者

5. 消防設備士の義務

消防法には、消防設備士の義務として、以下のことが定められている。
- 都道府県知事が行う講習を受講すること（次項にて詳述する）
- 業務を誠実に行い、工事整備対象設備等の質の向上に努めること
- 業務に従事するときは、消防設備士免状を携帯すること
- 甲種消防設備士は、消防用設備等の設置工事に着手しようとする日の10日前までに、消防長または消防署長に着工届を提出すること（p.62参照）

6. 講習の受講義務

消防設備士は、総務省令で定めるところにより、都道府県知事（総務大臣が指定する市町村長その他の機関を含む）が行う工事整備対象設備等の工事または整備に関する講習を受けなければならない。

消防設備士の講習は、免状の交付を受けた日以後における最初の4月1日から2年以内に受けなければならない。その後は、講習を受けた日以後における最初の4月1日から5年以内に講習を受けなければならない。

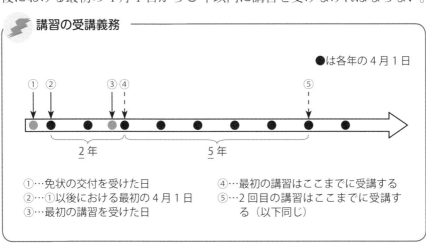

講習の受講義務

●は各年の4月1日

①…免状の交付を受けた日　④…最初の講習はここまでに受講する
②…①以後における最初の4月1日　⑤…2回目の講習はここまでに受講する（以下同じ）
③…最初の講習を受けた日

消防設備士の講習は、消防設備関連の業務に就いているか否かにかかわらず、免状の交付を受けている者は必ず受講しなければならない。

　講習区分は「特殊消防用設備等」（特類が対象）、「消火設備」（1類、2類、3類が対象）、「警報設備」（4類、7類が対象）、「避難設備・消火器」（5類、6類が対象）の4区分となっている。

> 最新の技術を取り入れた消防用設備が開発されることもあるし、法令が改正されることもある。そのような新しい知識や技能を習得するために講習が義務づけられているんだ。

ポイントを丸暗記！

1 免状の記載事項に変更を生じたときは、免状の書換えを申請しなければならない。

免状の書換えは、免状を交付した都道府県知事または居住地もしくは勤務地を管轄する都道府県知事に申請する。

2 免状を亡失、滅失、汚損、破損した場合は、免状の再交付を申請することができる。

免状の再交付は、免状の交付または書換えをした都道府県知事に申請する。

3 再交付を受けたのちに亡失した免状を発見した場合は、10日以内に提出しなければならない。

免状を亡失して再交付を受けた者は、亡失した免状を発見した場合には、その免状を10日以内に免状の再交付をした都道府県知事に提出しなければならない。

練習問題にチャレンジ！

問　題　▶解答と解説は p.85 ～ 90

問題 01

消防法に規定する用語について、正しいものは次のうちどれか。

1　防火対象物とは、山林または舟車、船きょもしくはふ頭に繋留された船舶、建築物その他の工作物もしくはこれらに属する物をいう。
2　消防対象物とは、山林または舟車、船きょもしくはふ頭に繋留された船舶、建築物その他の工作物もしくはこれらに属する物をいう。
3　関係者とは、防火対象物の所有者、管理者または占有者をいう。
4　関係のある場所とは、防火対象物のある場所をいう。

➡ Lesson 02

問題 02

特定防火対象物に該当しないものは、次のうちどれか。

1　劇場
2　百貨店
3　小学校
4　病院

➡ Lesson 03

問題 03

屋外における火災の予防措置として、誤っているものは次のうちどれか。

1　消防署長は、たき火をしている者に消火の準備を命じることができる。
2　消防吏員は、火遊びをしている者に対して、その行為の禁止を命じることができる。
3　消防本部を置かない市町村の長は、放置された物件の所有者に対して、物件の除去を命じることができる。
4　都道府県知事は、物件の管理者で権原を有する者に対して、危険物の除去を命じることができる。

➡ Lesson 04

問題 04

　消防長等の権限について、正しいものは次のうちどれか。

1　　消防吏員は、火災予防のために必要があるときは、関係者に対して資料の提出を命じることができる。
2　　消防長は、火災予防のために必要があるときは、消防職員を関係のある場所に立ち入らせ、消防対象物の管理の状況を検査させることができる。
3　　消防署長は、火災予防のために必要があるときはいつでも、消防団員を関係のある場所に立ち入らせ、消防対象物を検査させることができる。
4　　消防長は、火災予防のために必要があるときはいつでも、消防職員を個人の住居に立ち入らせ、関係のある者に質問させることができる。

➡ Lesson 04

問題 05

　建築確認と消防同意に関する記述として、正しいものは次のうちどれか。

1　　建築主は、消防長（消防本部を置かない市町村においては市町村長、以下同じ）または消防署長の同意を得なければ、建築確認の申請ができない。
2　　建築主事等は、建築確認を行った建築物について、7日以内に消防長または消防署長の同意を得なければならない。
3　　建築主は、建築確認を受けた建築物について、7日以内に消防長または消防署長の同意を得なければならない。
4　　建築主事等は、消防長または消防署長の同意を得なければ、建築確認を行うことができない。

➡ Lesson 05

問題 06

　防火管理者の業務として、誤っているものは次のうちどれか。

1　消防計画の作成
2　危険物の取扱作業の監督
3　消火、通報及び避難の訓練の実施
4　収容人員の管理

➡ Lesson 06

問題07

消防用設備等の種類について、誤っているものは次のうちどれか。

1　警鐘、携帯用拡声器は、警報設備である。
2　避難はしご、誘導灯は、避難設備である。
3　消防用水は、消防の用に供する設備である。
4　非常コンセント設備は、消火活動上必要な施設である。

➡ Lesson 10

問題08

消防用設備等の設置基準について、誤っているものは次のうちどれか。

1　開口部のない耐火構造の床または壁で区画されている部分は、それぞれ別の防火対象物とみなして設置基準を適用する。
2　複合用途防火対象物は、原則として、それぞれの用途部分を1つの防火対象物とみなして設置基準を適用する。
3　その地方の気候または風土の特殊性を考慮して、市町村の条例により、政令で定める設置基準と異なる規定を設けることができる。
4　同一の建築物内にあって用途が同じでも、所有者の異なる部分は、それぞれ別の防火対象物とみなして設置基準を適用する。

➡ Lesson 11

問題09

既存の防火対象物に対する消防用設備等の設置基準の適用について、誤っているものは次のうちどれか。

1　改正法令の施行後に増改築を行った場合は、増改築の規模にかかわらず、現行の基準が適用される。
2　改正法令の施行後に、大規模の修繕または模様替えを行った場合は、現行の基準が適用される。
3　消火器については、既存の防火対象物に対しても現行の基準が適用される。
4　改正法令の施行時に、既存の防火対象物に設置されている消防用設備等が、従前の基準にも適合していない場合は、現行の基準が適用される。

➡ Lesson 12

問題 10

　消防用設備等の設置工事が完了したときに、消防長または消防署長に届け出て、検査を受けなければならない防火対象物は、次のうちどれか。ただし、消防長または消防署長による指定はないものとする。

1　延べ面積 200m^2 のカラオケボックス
2　延べ面積 200m^2 の飲食店
3　延べ面積 300m^2 の映画スタジオ
4　延べ面積 500m^2 の事務所

➡ Lesson 13

問題 11

　消防用設備等の点検を資格を有する者に行わせなければならない防火対象物は、次のうちどれか。ただし、消防長または消防署長による指定はないものとする。

1　延べ面積 800m^2 のダンスホール
2　延べ面積 1,000m^2 の重要文化財
3　延べ面積 1,000m^2 の映画館
4　延べ面積 1,500m^2 の工場

➡ Lesson 14

問題 12

　消防用設備等の点検と報告に関する記述として、誤っているものは次のうちどれか。

1　延べ面積 1,000m^2 の店舗において、消防用設備等の点検を行うことができるのは、消防設備士または消防設備点検資格者である。
2　百貨店の消防用設備等の点検結果の報告は、3 年に 1 回行う。
3　倉庫の消防用設備等の点検結果の報告は、3 年に 1 回行う。
4　機器点検は、6 か月に 1 回行う。

➡ Lesson 14

問題 13

　消防用機械器具等の検定の対象とされていないものは、次のうちどれか。

1　消火器
2　消火器用消火薬剤
3　閉鎖型スプリンクラーヘッド
4　加圧用ガス容器

➡ Lesson 15

問題 14

　消防用機械器具等の検定に関する記述として、正しいものは次のうちどれか。

1　型式承認は、日本消防検定協会または登録検定機関が行う。
2　型式適合検定は、総務大臣が行う。
3　検定対象機械器具等は、型式承認を受けるか、もしくは型式適合検定に合格したものでなければ、販売し、または販売の目的で陳列してはならない。
4　検定対象機械器具等は、型式承認を受けて、型式適合検定に合格したものでなければ、販売し、または販売の目的で陳列してはならない。

➡ Lesson 15

問題 15

　消防設備士に関する記述として、正しいものは次のうちどれか。

1　甲種消防設備士は、すべての消防用設備等の工事と整備を行うことができる。
2　甲種消防設備士は、免状の区分に対応する消防用設備等と、特殊消防用設備等の工事と整備を行うことができる。
3　乙種消防設備士は、免状の区分に対応する消防用設備等の整備のみを行うことができる。
4　乙種消防設備士は、免状の区分に対応する消防用設備等の工事と整備を行うことができる。

➡ Lesson 16

消防設備士免状に関する記述として、正しいものは次のうちどれか。

1　免状は、交付を受けた都道府県のみにおいて有効である。
2　免状を亡失した場合は、免状を交付した都道府県知事または居住地もしくは勤務地を管轄する都道府県知事に再交付を申請することができる。
3　免状の記載事項に変更を生じたときは、遅滞なく、免状を交付した都道府県知事または居住地もしくは勤務地を管轄する都道府県知事に免状の書換えを申請しなければならない。
4　免状を亡失して再交付を受けた者は、亡失した免状を発見した場合には、その免状を 10 日以内に居住地もしくは勤務地を管轄する都道府県知事に提出しなければならない。

➡ Lesson 17

消防設備士の講習に関する記述として、正しいものは次のうちどれか。

1　免状の交付を受けた日以後における最初の 4 月 1 日から 2 年以内、その後は受講日以後における最初の 4 月 1 日から 2 年以内ごとに受講しなければならない。
2　免状の交付を受けた日以後における最初の 4 月 1 日から 3 年以内、その後は受講日以後における最初の 4 月 1 日から 3 年以内ごとに受講しなければならない。
3　免状の交付を受けた日以後における最初の 4 月 1 日から 2 年以内、その後は受講日以後における最初の 4 月 1 日から 5 年以内ごとに受講しなければならない。
4　免状の交付を受けた日以後における最初の 4 月 1 日から 3 年以内、その後は受講日以後における最初の 4 月 1 日から 5 年以内ごとに受講しなければならない。

➡ Lesson 17

解答と解説　　▶問題は p.79〜84

問題01　正解　1

1　○　消防法により、防火対象物は、「山林または舟車、船きょもしくはふ頭に繋留された船舶、建築物その他の工作物<u>もしくはこれらに属する物</u>」と定義されている。

2　×　消防法により、消防対象物は、「山林または舟車、船きょもしくはふ頭に繋留された船舶、建築物その他の工作物<u>または物件</u>」と定義されている。

3　×　消防法により、関係者は、「防火対象物または<u>消防対象物</u>の所有者、管理者または占有者」と定義されている。

4　×　消防法により、関係のある場所は、「防火対象物または<u>消防対象物</u>のある場所」と定義されている。

→ 間違えた人は、Lesson 02 を復習しよう。

問題02　正解　3

1　○　劇場、映画館、演芸場または観覧場は、<u>特定防火対象物</u>である。

2　○　百貨店、マーケットその他の物品販売業を営む店舗または展示場は、<u>特定防火対象物</u>である。

3　×　小学校、中学校、義務教育学校、高等学校、中等教育学校、高等専門学校、大学、専修学校、各種学校その他これらに類するものは、<u>非特定防火対象物</u>である。なお、学校教育法第1条に掲げられている学校（いわゆる一条校）のうち、特定防火対象物とされているものは、幼稚園と特別支援学校である。

4　○　病院、診療所または助産所は、<u>特定防火対象物</u>である。

→ 間違えた人は、Lesson 03 を復習しよう。

問題03　正解　4

　屋外における火災の予防措置の命令権者となるのは、<u>消防長</u>（消防本部を置かない市町村においては<u>市町村長</u>）、<u>消防署長</u>その他の消防吏員であり、4の都道府県知事は含まれない。

→ 間違えた人は、Lesson 04 を復習しよう。

問題 04 **正解** 2

1　×　関係者に対して資料の提出を命じることができるのは、<u>消防長</u>（消防本部を置かない市町村においては<u>市町村長</u>）または<u>消防署長</u>である。消防長、消防署長以外の消防吏員は、命令権者に含まれない。
2　○　<u>消防長</u>（消防本部を置かない市町村においては市町村長）または消防署長は、火災予防のために必要があるときは、<u>消防職員</u>を関係のある場所に立ち入らせ、検査させることができる。
3　×　消防団員に立入検査をさせる場合は、消防対象物及び<u>期日</u>または<u>期間</u>を指定して行わなければならない（消防本部を置かない市町村において市町村長が常勤の消防団員に行わせる場合を除く）。
4　×　個人の住居は、<u>関係者の承諾</u>を得た場合、または火災発生のおそれが著しく大であるため、特に緊急の必要がある場合でなければ、立ち入らせてはならない。

➡ 間違えた人は、Lesson 04 を復習しよう。

問題 05 **正解** 4

1　×　消防同意を求めるのは、建築主ではなく、建築主から建築確認の申請を受けた<u>建築主事</u>等である。
2　×　建築主事等は、<u>消防同意</u>を得てからでないと、建築確認を行うことができない。
3　×　**1、2** の解説を参照。
4　○　建築主事等は、消防長（消防本部を置かない市町村においては市町村長）または消防署長の同意を得なければ、建築確認を行うことができない（消防同意を要しない建築物を除く）。

➡ 間違えた人は、Lesson 05 を復習しよう。

問題 06 **正解** 2

防火管理者の業務には、以下のものがある。
・防火管理に係る<u>消防計画</u>の作成
・<u>消火</u>、<u>通報</u>及び<u>避難</u>の訓練の実施
・消防の用に供する設備、消防用水または消火活動上必要な施設の点検及び整備
・<u>火気</u>の使用または取扱いに関する監督
・避難または防火上必要な構造及び設備の維持管理並びに<u>収容人員</u>の管理

・その他防火管理上必要な業務

➡ 間違えた人は、Lesson 06 を復習しよう。

➡ 間違えた人は、Lesson 06 を復習しよう。

問題07 　正解　3

1　○　警鐘、携帯用拡声器は、自動火災報知設備、ガス漏れ火災警報設備、漏電火災警報器などとともに、警報設備に含まれる。

2　○　避難はしご、誘導灯は、すべり台、救助袋、緩降機などとともに、避難設備に含まれる。

3　×　消防用設備等は、消防の用に供する設備、消防用水、消火活動上必要な施設からなる。消防用水は、消防の用に供する設備に含まれない。

4　○　非常コンセント設備は、排煙設備、連結散水設備、連結送水管、無線通信補助設備とともに、消火活動上必要な施設に含まれる。

➡ 間違えた人は、Lesson 10 を復習しよう。

問題08 　正解　4

1　○　消防用設備等の設置基準は、原則として1棟の防火対象物を単位として適用されるが、防火対象物が開口部のない耐火構造の床または壁で区画されているときは、区画された部分をそれぞれ別の防火対象物とみなして設置基準を適用する。

2　○　複合用途防火対象物は、原則として、それぞれの用途部分を1つの防火対象物とみなして設置基準を適用する。ただし、スプリンクラー設備、自動火災報知設備などいくつかの設備等については、1棟を単位として設置基準を適用する場合がある（p.52参照）。

3　○　その地方の気候または風土の特殊性により、政令で定める消防用設備等の設置基準のみによっては防火の目的を十分に達し難いと認めるときは、市町村の条例により、異なる規定を設けることができる。ただし、政令で定める基準よりも厳しい規定を設ける場合に限られる。

4　×　そのような規定はない。

➡ 間違えた人は、Lesson 11 を復習しよう。

問題09 　正解　1

1　×　改正法令の施行後に、防火対象物の床面積の合計1,000m² 以上、またはもとの延べ面積の2分の1以上の増改築を行った場合は、現行の基準が適用される。

2 ○ 改正法令の施行後に、防火対象物の<u>主要構造部</u>である<u>壁</u>について過半の修繕または模様替えを行った場合は、現行の基準が適用される。

3 ○ <u>消火器</u>、自動火災報知設備等の特定の消防用設備等については、既存の防火対象物に対しても、常に現行の基準が適用される（p.57 参照）。

4 ○ 改正法令の施行時に、既存の防火対象物に設置されている消防用設備等が、<u>従前</u>の基準にも適合していない場合、つまり、以前から法令に違反していた場合は、現行の基準が適用される。

➡ 間違えた人は、Lesson 12 を復習しよう。

問題 10 **正解 1**

1 ○ カラオケボックスは、延べ面積にかかわらず、消防用設備等の届出と検査が必要である。

2 × 飲食店は、延べ面積 <u>300</u>m² 以上のものについて、消防用設備等の届出と検査が必要となる。

3 × 映画スタジオは非特定防火対象物なので、延べ面積 <u>300</u>m² 以上で、<u>消防長または消防署長が指定する</u>ものについて、消防用設備等の届出と検査が必要となる。

4 × 事務所は非特定防火対象物なので、延べ面積 <u>300</u>m² 以上で、<u>消防長または消防署長が指定する</u>ものについて、消防用設備等の届出と検査が必要となる。

➡ 間違えた人は、Lesson 13 を復習しよう。

問題 11 **正解 3**

1 × ダンスホールは特定防火対象物なので、延べ面積 <u>1,000</u>m² 以上のものについては、消防用設備等の点検を、資格を有する者に行わせなければならない。

2 × 重要文化財は非特定防火対象物なので、延べ面積 <u>1,000</u>m² 以上で、<u>消防長または消防署長が指定する</u>ものについては、消防用設備等の点検を、資格を有する者に行わせなければならない。

3 ○ 映画館は特定防火対象物なので、延べ面積 <u>1,000</u>m² 以上のものについては、消防用設備等の点検を、資格を有する者に行わせなければならない。

4 × 工場は非特定防火対象物なので、延べ面積 <u>1,000</u>m² 以上で、<u>消防長または消防署長が指定する</u>ものについては、消防用設備等の点検を、資格を有する者に行わせなければならない。

➡ 間違えた人は、Lesson 14 を復習しよう。

問題 12　**正解**　2

1　○　延べ面積 1,000m² の店舗（特定防火対象物）においては、消防用設備等の点検を、資格を有する者に行わせなければならない。点検資格者は、消防設備士または消防設備点検資格者である。
2　×　百貨店（特定防火対象物）の消防用設備等の点検結果の報告は、1 年に 1 回行う。
3　○　倉庫（非特定防火対象物）の消防用設備等の点検結果の報告は、3 年に 1 回行う。
4　○　機器点検は 6 か月に 1 回、総合点検は 1 年に 1 回行う。
→ 間違えた人は、Lesson 14 を復習しよう。

問題 13　**正解**　4

1　○　消火器は、検定の対象とされている。
2　○　消火器用消火薬剤は、検定の対象とされている（二酸化炭素を除く）。
3　○　スプリンクラー設備等に使用する閉鎖型スプリンクラーヘッドは、検定の対象とされている。
4　×　加圧用ガス容器は、検定の対象とされていない。
→ 間違えた人は、Lesson 15 を復習しよう。

問題 14　**正解**　4

1　×　型式承認は、総務大臣が行う。
2　×　型式適合検定は、日本消防検定協会または登録検定機関が行う。
3　×　検定対象機械器具等は、型式承認を受けたうえで、型式適合検定に合格し、検定に合格した旨の表示が付されているものでなければ、販売し、または販売の目的で陳列してはならない。また、検定対象機械器具等のうち、消防の用に供する機械器具または設備は、検定に合格した旨の表示が付されているものでなければ、設置、変更または修理の請負に係る工事に使用してはならない。
4　○　3 の解説を参照。
→ 間違えた人は、Lesson 15 を復習しよう。

問題 15 正解 **3**

　甲種消防設備士は、免状の区分に対応する消防用設備等の<u>工事</u>と<u>整備</u>を、乙種消防設備士は<u>整備</u>のみを行うことができる。特殊消防用設備等の工事と整備は、<u>甲種特類</u>の免状の交付を受けた者でなければ行うことができない。

➡ 間違えた人は、Lesson 16 を復習しよう。

問題 16 正解 **3**

1　×　免状は、交付を受けた都道府県だけでなく、<u>全国どこでも</u>有効である。
2　×　免状を亡失し、滅失し、汚損し、または破損した場合には、免状の<u>交付</u><u>または書換え</u>をした都道府県知事に再交付を申請することができる。
3　○　免状の記載事項に変更を生じたときは、遅滞なく、免状を<u>交付</u>した都道府県知事または<u>居住地もしくは勤務地</u>を管轄する都道府県知事に免状の書換えを申請しなければならない。再交付の申請は義務ではないが、書換えは義務であることに注意しよう。
4　×　免状を亡失して再交付を受けた者は、亡失した免状を発見した場合には、その免状を 10 日以内に免状の<u>再交付</u>をした都道府県知事に提出しなければならない。

➡ 間違えた人は、Lesson 17 を復習しよう。

問題 17 正解 **3**

　消防設備士の講習は、免状の交付を受けた日以後における最初の 4 月 1 日から <u>2</u> 年以内、その後は受講日以後における最初の 4 月 1 日から <u>5</u> 年以内ごとに受講しなければならない。

➡ 間違えた人は、Lesson 17 を復習しよう。

2章
消防関係法令（第6類）

まず、これだけ覚えよう！

この章では、第6類消防設備士の業務の対象となる、消火器具の設置基準を扱う。その前に、予備知識としていくつかの用語について説明しておこう。

①能力単位とは

　消火器の消火性能は、消火器に充てんされている消火薬剤の種類や量などによってきまるが、消火器には大きなものも小さなものもあり、消火性能もさまざまである。それぞれ異なる消火器の消火性能をわかりやすく比較し、表示するための手段として用いられているのが、能力単位という値である。

　消火器の能力単位は、消火試験により測定される。試験の方法は「消火器の技術上の規格を定める省令」に定められているが、試験用の模型に点火してから一定時間後に消火を開始し、消火器の放射終了までに完全に消火できた模型の数によって、能力単位の値がきめられる。

　能力単位には、A火災（普通火災）に対する能力単位と、B火災（油火災）に対する能力単位があり、それぞれ試験の方法が異なる。C火災（電気火災）に対する能力単位は規定されていない（p.240参照）。

消火試験を行い、完全に消火できた模型の数により、
消火器の能力単位の値がきめられる。

②所要能力単位と消火器の設置数

　防火対象物の所要能力単位とは、その防火対象物に対して、どれくらいの消火器具を設置しなければならないのかを表す値である。所要能力単位は、防火対象物の用途区分と、床面積または延べ面積によってきまる（所要能力単位の算定方法については p.99 参照）。

　簡単な例で説明すると、ある防火対象物の所要能力単位が 10 で、設置する消火器の 1 個当たりの能力単位が 1 ならば、その防火対象物には、消火器を 10 個設置しなければならない。設置する消火器の能力単位が 2 ならば、10 ÷ 2 ＝ 5 なので、5 個設置すればよいことになる。このように、防火対象物の所要能力単位と消火器の能力単位により、消火器の設置数を算定するしくみになっている。

　所要能力単位のことを所要単位と呼ぶこともあるが、危険物施設における所要単位（p.113 参照）とは異なるので注意しよう。

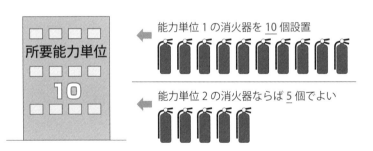

③消火器具とは

　消防法令において、消火器具とは「消火器または簡易消火用具」のことである。単に「消火器」と記されている場合と「消火器具」と記されている場合とでは、簡易消火用具が含まれるかどうかの違いがあるので注意しよう。

Lesson
01

消火器具の設置義務

ここがPoint!

消火器具を設置しなければならない防火対象物を覚えよう。無窓階の定義もよく出題されるので注意。

基礎知識を押さえよう！

1. 消火器具の設置義務がある防火対象物

消火器具を設置しなければならない防火対象物は、下記の①～③の3つのグループに分かれる（p.97の表も参照）。

①延べ面積に関係なく消火器具の設置義務がある防火対象物

- 劇場、映画館、演芸場、観覧場…消防法施行令別表第一の（1）イに該当
- キャバレー、遊技場、ダンスホール、カラオケボックス等…（2）
- 待合、料理店等、飲食店…（3）（火を使用する設備または器具（防火上有効な措置として総務省令で定める措置が講じられたものを除く）を設けたもの）
- 病院、診療所、助産所…（6）イ（無床診療所、無床助産所を除く）
- 老人短期入所施設等…（6）ロ
- 地下街…（16の2）
- 準地下街…（16の3）
- 重要文化財等…（17）
- 舟車…（20）

②延べ面積150m² 以上の場合に消火器具の設置義務が生じる防火対象物

- 公会堂、集会場…（1）ロ
- 待合、料理店等、飲食店…（3）のうち、①に含まれないもの
- 百貨店、マーケットその他の店舗、展示場…（4）
- 旅館、ホテル、宿泊所等、寄宿舎、下宿、共同住宅…（5）

- 無床診療所、無床助産所…（6）イのうち、①に含まれないもの
- 老人デイサービスセンター等…（6）ハ
- 幼稚園、特別支援学校…（6）ニ
- 蒸気浴場、熱気浴場等と、それ以外の公衆浴場…（9）
- 工場、作業場、映画スタジオ、テレビスタジオ…（12）
- 自動車車庫、駐車場、格納庫…（13）
- 倉庫…（14）

③延べ面積300m^{2}以上の場合に消火器具の設置義務が生じる防火対象物

- 小学校、中学校、義務教育学校、高等学校、中等教育学校、高等専門学校、大学、専修学校、各種学校等…（7）
- 図書館、博物館、美術館等…（8）
- 車両の停車場、船舶もしくは航空機の発着場…（10）
- 神社、寺院、教会等…（11）
- 事務所等…（15）

ゴロ合わせで覚えよう！

消火器具の設置義務

映画に、寄席に、芝居見物
（映画館）（演芸場）　（劇場）

ダンスに、カラオケ、スポーツ観戦
（ダンスホール）（カラオケボックス）（観覧場）

さんざん遊んで、あげくに入院…
　　　　（遊技場）　　　　（病院）

年寄り短気だ、近づくときは、十分ご注意、就寝中！
（老人短期入所施設）（地下）　　（重文＝重要文化財）（舟車）

⤷延べ面積に関係なく消火器具の設置義務がある防火対象物には、劇場、映画館、演芸場、観覧場、キャバレー、遊技場、ダンスホール、カラオケボックス等、病院・診療所・助産所（無床診療所、無床助産所を除く）、老人短期入所施設等、地下街、準地下街、重要文化財等、舟車などがある。

2. 特定の階に消火器具の設置義務が生じる場合

前項の①～③の場合は、防火対象物全体に対して消火器具の設置が義務づけられるが、これらに該当しない防火対象物でも、特定の階に対して消火器具の設置が義務づけられる場合がある。特定の階について設置義務が生じるのは、以下の場合である。

• 地階、無窓階または３階以上の階で、床面積50m^{2}以上のもの

例えば、地上３階建ての事務所（用途区分の（15）に該当）で、各階の床面積が55m^{2}だとすると、延べ面積は $55 \times 3 = 165$m^2 で300m^{2}未満なので、前ページの③の条件に当てはまらないから、防火対象物全体としては、消火器具の設置義務はない。しかし、３階の床面積が55m^{2}で50m^{2}以上なので、３階の部分については、消火器具の設置義務が生じるのである。

3. 複合用途防火対象物の扱いについて

p.52で述べたように、消防用設備等の設置基準は、原則として１棟の防火対象物を単位として適用されるが、複合用途防火対象物については、それぞれの用途部分を１つの防火対象物とみなして設置基準を適用することになっている。例外として、スプリンクラー設備、自動火災報知設備等については１棟単位となる場合があるが、消火器具は例外規定に含まれていないので、用途部分ごとに設置基準が適用される。

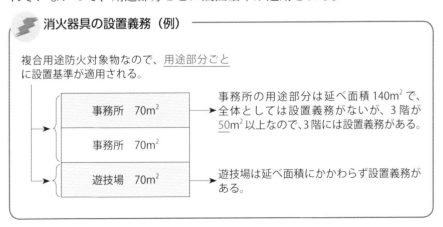

消火器具の設置義務（例）

複合用途防火対象物なので、用途部分ごとに設置基準が適用される。

| 事務所　70m^2 |
| 事務所　70m^2 |
| 遊技場　70m^2 |

事務所の用途部分は延べ面積140m^{2}で、全体としては設置義務がないが、3階が50m^{2}以上なので、3階には設置義務がある。

遊技場は延べ面積にかかわらず設置義務がある。

◇防火対象物の区分と消火器具の設置基準

　　= 特定防火対象物

防火対象物の区分			消火器具の設置義務が生じる延べ面積	所要能力単位の算定基準面積※1
(1)	イ	劇場、映画館、演芸場または観覧場	すべて	50m²
	ロ	公会堂または集会場	150m² 以上	100m²
(2)	イ	キャバレー、カフェー、ナイトクラブその他	すべて	50m²
	ロ	遊技場またはダンスホール		
	ハ	性風俗関連特殊営業を営む店舗等		
	ニ	カラオケボックス、個室漫画喫茶、ネットカフェ等		
(3)	イ	待合、料理店等	すべて※2	100m²
	ロ	飲食店		
(4)		百貨店、マーケットその他の店舗または展示場		
(5)	イ	旅館、ホテル、宿泊所等	150m² 以上	
	ロ	寄宿舎、下宿または共同住宅		
(6)	イ	病院、診療所または助産所（次項を除く）	すべて	
		無床診療所、無床助産所	150m² 以上	
	ロ	老人短期入所施設、養護老人ホーム等	すべて	
	ハ	老人デイサービスセンター等	150m² 以上	
	ニ	幼稚園または特別支援学校		
(7)		小学校、中学校、義務教育学校、高等学校、中等教育学校、高等専門学校、大学、専修学校、各種学校等	300m² 以上	200m²
(8)		図書館、博物館、美術館等		
(9)	イ	蒸気浴場、熱気浴場等	150m² 以上	100m²
	ロ	蒸気浴場、熱気浴場等を除く公衆浴場		
(10)		車両の停車場または船舶もしくは航空機の発着場	300m² 以上	200m²
(11)		神社、寺院、教会等		
(12)	イ	工場または作業場	150m² 以上	100m²
	ロ	映画スタジオまたはテレビスタジオ		
(13)	イ	自動車車庫または駐車場		
	ロ	飛行機または回転翼航空機の格納庫		
(14)		倉庫		
(15)		事務所等（前各項に該当しない事業場）	300m² 以上	200m²
(16)	イ	複合用途防火対象物（特定用途を含む）	用途部分ごとに基準を適用	
	ロ	複合用途防火対象物（特定用途を含まない）		
(16の2)		地下街	すべて	50m²
(16の3)		準地下街		
(17)		重要文化財等		
(18)		延長50m以上のアーケード	―	―
(19)		市町村長の指定する山林	―	―
(20)		総務省令で定める舟車	すべて	※3
地階、無窓階、または3階以上の階			床面積50m²以上	上記の各項による

※1 所要能力単位の算定基準面積については、Lesson 02 参照。主要構造部を耐火構造とし、内装を難燃材料で仕上げた場合は、算定基準面積は2倍になる。
※2 火を使用する設備または器具（防火上有効な措置が講じられたものを除く）を設けたもの以外は、延べ面積150m²以上のものについて設置義務が生じる。
※3 車両については、鉄道営業法、軌道法または道路運送車両法により算定基準が定められている。舟については、所要能力単位を1とする。

ポイントを 暗記！

1 劇場、遊技場、病院、老人短期入所施設等は、<u>延べ面積</u>に関係なく消火器具を設置しなければならない。

映画館、演芸場、観覧場、キャバレー、ダンスホール、<u>カラオケボックス</u>等、診療所・助産所（無床診療所・無床助産所を除く）、地下街、準地下街、<u>重要文化財</u>等、舟車についても同様である。

2 店舗、旅館、ホテル、幼稚園は、延べ面積 <u>150</u>m^2 以上の場合に消火器具を設置しなければならない。

集会場、展示場、寄宿舎、下宿、<u>共同住宅</u>、無床診療所、無床助産所、<u>老人デイサービスセンター</u>等、特別支援学校、公衆浴場、工場、作業場、<u>映画・テレビスタジオ</u>、車庫、駐車場、格納庫、倉庫についても同様である。

3 学校、図書館、博物館、美術館等は、延べ面積 300m^2 以上の場合に消火器具を設置しなければならない。

車両の<u>停車場</u>、船舶もしくは航空機の発着場、<u>神社</u>、寺院、教会、事務所等についても同様である。

4 <u>地階</u>、<u>無窓階</u>または 3 階以上の階で、床面積 <u>50</u>m^2 以上のものには、消火器具を設置しなければならない。

防火対象物全体としては消火器具の設置義務がない場合でも、<u>地階</u>、<u>無窓階</u>または 3 階以上の階で、床面積 <u>50</u>m^2 以上のものがあるときは、その階には消火器具を設置しなければならない。

重要用語を覚えよう！

無窓階

建築物の地上階のうち、避難上または消火活動上有効な<u>開口</u>部を有しない階をいう。窓のない階ではなく、窓があっても無窓階に該当する場合がある。

所要能力単位の算定方法

Lesson 02

ここが Point!

防火対象物の所要能力単位の算定方法を理解し、用途区分に応じた所要能力単位の算定基準面積を覚えよう。

基礎知識を押さえよう！

1. 所要能力単位の算定方法

p.93 ですでに述べたように、防火対象物に対してどれくらいの消火器具を設置しなければならないかを表す数値が、防火対象物の所要能力単位である。防火対象物の用途区分ごとに、所要能力単位の算定基準面積が定められており、防火対象物の延べ面積（または床面積）を算定基準面積で割った値が、その防火対象物の所要能力単位となる。式で表すと下記のようになる。

$$防火対象物の所要能力単位 = \frac{防火対象物の延べ面積または床面積}{算定基準面積}$$

消火器具の設置義務がある防火対象物には、消火器具の能力単位の合計数が、防火対象物の所要能力単位以上の数値となるように消火器具※を設置しなければならない。

防火対象物の区分に応じた所要能力単位の算定基準面積は、次ページの表に示すとおりである（p.97 の表の右端にも記載してある）。ただし、防火対象物の主要構造部を耐火構造とし、かつ、壁及び天井（天井のない場合にあっては屋根）の室内に面する部分の仕上げを難燃材料とした場合は、算定基準面積をこの規定の 2 倍の数値とする。

※ 大型消火器と住宅用消火器を除く。大型消火器の設置が義務づけられる場合については p.105 参照。

◇所要能力単位の算定基準面積

防火対象物の区分	算定基準面積
消防法施行令別表第一の（1）イ、（2）、（16 の 2）、（16 の 3）、（17）に該当する防火対象物（p.94 の①のグループから、病院、診療所、助産所、老人短期入所施設等、舟車を除いたもの）	50m²
消防法施行令別表第一の（1）ロ、（3）〜（6）、（9）、（12）〜（14）に該当する防火対象物（p.94 〜 95 の②のグループに、病院、診療所、助産所、老人短期入所施設等を加えたもの）	100m²
消防法施行令別表第一の（7）、（8）、（10）、（11）、（15）に該当する防火対象物（p.95 の③のグループ）	200m²

　例を挙げて説明すると、延べ面積 1,000m² の木造の店舗（用途区分（4）に該当）は、p.94 〜 95 の②のグループで延べ面積 150m² 以上なので、消火器具の設置義務がある。上表により、所要能力単位の算定基準面積は 100m² であるから、1,000 ÷ 100 = 10 で、この防火対象物の所要能力単位は 10 となる。したがって、能力単位 1 の消火器ならば 10 個、能力単位 2 の消火器ならば 5 個設置すればよい。

　この店舗が木造でなく、主要構造部が耐火構造、壁及び天井の仕上げが難燃材料とされている場合は、算定基準面積が 2 倍の 200m² になり、所要能力単位は、1,000 ÷ 200 = 5 になる。この場合は、能力単位 1 の消火器ならば 5 個、能力単位 2 の消火器ならば 3 個設置すればよい。

算定基準面積が 2 倍に増えると、消火器具の設置基準が緩和されることになるんですね。

2. 簡易消火用具の能力単位

　p.93 で述べたように、消火器具には、消火器のほかに簡易消火用具が含まれる。消火器具の設置義務がある防火対象物においては、消火器具の能力単位の合計数が、防火対象物の所要能力単位以上の数値となるようにしなければならないが、設置する消火器具は必ずしもすべて消火器でなければならないわけではなく、簡易消火用具が含まれていてもよいのである。

　ただし、所要能力単位が 2 以上となる防火対象物においては、原則として、簡易消火用具の能力単位の数値の合計数が、消火器の能力単位の数値の合計数の 2 分の 1 を超えてはならない（つまり、設置する消火器具の能力単位の 3 分の 1 までを簡易消火用具にすることができる）。

　簡易消火用具の能力単位は、以下のように定められている。

- 水バケツ…容量 8 L 以上のもの 3 個を 1 単位とする。
- 水槽…容量 8 L 以上の消火専用バケツ 3 個以上を有する容量 80 L 以上のもの 1 個を 1.5 単位、容量 8 L 以上の消火専用バケツ 6 個以上を有する容量 190 L 以上のもの 1 個を 2.5 単位とする。ゴロ合わせ ➡ p.304
- 乾燥砂…スコップを有する 50 L 以上のもの一塊を 0.5 単位とする。
- 膨張ひる石または膨張真珠岩…スコップを有する 160 L 以上のもの一塊を 1 単位とする。

消火器と簡易消火用具を設置する場合は、それらの能力単位の合計数が、防火対象物の所要能力単位以上になればよい。

👀👀 イラスト一目で丸暗記

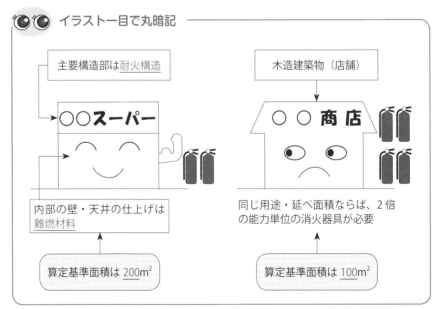

主要構造部は耐火構造

○○スーパー

内部の壁・天井の仕上げは難燃材料

算定基準面積は 200m²

木造建築物（店舗）

○ ○ 商店

同じ用途・延べ面積ならば、2 倍の能力単位の消火器具が必要

算定基準面積は 100m²

ポイントを丸暗記！

1 劇場、映画館、遊技場、カラオケボックス等の所要能力単位の算定基準面積は、50m² である。

防火対象物の主要構造部を耐火構造とし、かつ、壁及び天井（天井のない場合にあっては屋根）の室内に面する部分の仕上げを難燃材料とした場合は、算定基準面積は2倍の100m² になる。

2 飲食店、店舗、旅館、ホテル、病院、老人短期入所施設等の所要能力単位の算定基準面積は、100m² である。

防火対象物の主要構造部を耐火構造とし、かつ、壁及び天井（天井のない場合にあっては屋根）の室内に面する部分の仕上げを難燃材料とした場合は、算定基準面積は2倍の200m² になる。

3 学校、図書館、博物館、美術館等、事務所等の所要能力単位の算定基準面積は、200m² である。

防火対象物の主要構造部を耐火構造とし、かつ、壁及び天井（天井のない場合にあっては屋根）の室内に面する部分の仕上げを難燃材料とした場合は、算定基準面積は2倍の400m² になる。

 重要用語を覚えよう！

難燃材料

建築材料のうち、通常の火災による火熱が加えられた場合に、加熱開始後5分間燃焼しないことなどの要件を満たしているものをいう。準不燃材料は加熱開始後10分間、不燃材料は20分間、同じ要件を満たすものをいう。すなわち、準不燃材料、不燃材料は、難燃材料としての要件も満たしている。

消火器具の附加設置等

ここが Point!

消火器具の附加設置が必要となる場合や、消火器具の設置基準が緩和される場合の規定を覚えよう。

基礎知識を押さえよう！

1. 消火器具の附加設置が必要となる場合

以下の①〜④に挙げる場合は、防火対象物の所要能力単位に応じて設置しなければならない消火器具のほかに、さらに消火器具の附加設置が必要になる。

①少量危険物を貯蔵し、または取り扱う場合

防火対象物またはその部分において少量危険物※を貯蔵し、または取り扱う場合は、危険物の種類ごとにその消火に適応するものとされる消火器具（p.107 参照）を、その能力単位の合計数が、貯蔵し、または取り扱う少量危険物の数量をその危険物の指定数量で割った値以上の数値となるように設置しなければならない。式で表すと下記のようになる。

※ 消防法に定める危険物（p.44 参照）のうち、指定数量の5分の1以上で指定数量未満のものをいう。

$$消火器具の能力単位の合計数 \geqq \frac{少量危険物の数量}{指定数量}$$

指定数量以上の危険物を貯蔵し、または取り扱う危険物施設における消火設備の設置基準については、Lesson 5 で取り上げるよ。

②指定可燃物を貯蔵し、または取り扱う場合

　指定可燃物とは、わら製品、木毛その他の物品で、火災が発生した場合にその拡大がすみやかであり、または消火の活動が著しく困難となるものとして、危険物の規制に関する政令で定められているものをいう。政令の別表第四に品名と数量が掲げられており、その数量以上のものが指定可燃物とされる（例：綿花類 200kg、わら類 1,000kg、石炭・木炭類 10,000kg）。

　防火対象物またはその部分において指定可燃物を貯蔵し、または取り扱う場合は、指定可燃物の種類ごとにその消火に適応するものとされる消火器具（p.107 参照）を、その能力単位の合計数が、貯蔵し、または取り扱う指定可燃物の数量を政令別表第四に定める数量の 50 倍で割った値以上の数値となるように設置しなければならない。

$$消火器具の能力単位の合計数 \geqq \frac{指定可燃物の数量}{政令別表第四に定める数量 \times 50}$$

③電気設備がある防火対象物の場合　　　　　ゴロ合わせ ➡ p.304

　防火対象物またはその部分に変圧器、配電盤その他これらに類する電気設備があるときは、電気設備の消火に適応するものとされる消火器（p.107 参照）を、電気設備がある場所の床面積 100m² 以下ごとに 1 個設けなければならない。

$$消火器の設置個数 \geqq \frac{電気設備がある場所の床面積}{100m^2}$$

　電気設備がある防火対象物の場合は、能力単位でなく、床面積で消火器の設置個数がきめられるんですね。

④火気を使用する場所がある防火対象物の場合　　ゴロ合わせ ➡ p.304

　防火対象物またはその部分に、鍛造場、ボイラー室、乾燥室その他多量の火気を使用する場所があるときは、建築物その他の工作物の消火に適応するものとされる消火器具（p.107 参照）を、その能力単位の数値の合計数が、火気を使用する場所の床面積を 25m² で割った値以上の数値とな

るように設けなければならない。

$$消火器具の能力単位の合計数 \geqq \frac{火気を使用する場所の床面積}{25m^2}$$

2. 大型消火器の設置が義務づけられる場合

防火対象物またはその部分において、指定可燃物を危険物の規制に関する政令別表第四で定める数量の500倍以上貯蔵し、または取り扱う場合は、指定可燃物の種類ごとにその消火に適応するものとされる大型消火器を設置しなければならない（大型消火器の定義は p.240 ～ 241 参照）。

3. 消火器具の設置基準が緩和される場合

前項の規定により大型消火器を設置した場合、大型消火器の対象物に対する適応性が、防火対象物に設置すべき消火器具の適応性と同一であるときは、大型消火器の有効範囲内の部分について、消火器具の能力単位の数値の合計数を、規定の2分の1までを減少した数値とすることができる。

また、防火対象物に、屋内消火栓設備、スプリンクラー設備、水噴霧消火設備、泡消火設備、不活性ガス消火設備、ハロゲン化物消火設備または粉末消火設備を技術上の基準に従って設置した場合、その消火設備の適応性が、防火対象物に設置すべき消火器具の適応性と同一であるときは、消火設備の有効範囲内の部分について、消火器具の能力単位の数値の合計数を、規定の3分の1までを減少した数値とすることができる。ただし、防火対象物の11階以上の部分に設置する消火器具には、この規定は適用されない。

防火対象物に、屋内消火栓設備、スプリンクラー設備、水噴霧消火設備、泡消火設備、不活性ガス消火設備、ハロゲン化物消火設備または粉末消火設備を技術上の基準に従って設置した場合、その消火設備の適応性が、前項の規定により設置すべき大型消火器の適応性と同一であるときは、消火設備の有効範囲内の部分について、大型消火器を設置しないことができる。

能力単位数の3分の1「までを」減少できるというのは、規定の3分の1の数値にすることができるのではなく、最大で3分の1だけ減らすことができるという意味だ。

消火器具の設置基準が緩和される例

 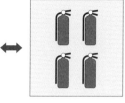

スプリンクラー設備が
設置されている場合

所要能力単位が6の防火
対象物
（能力単位1の消火器が6
個必要）

スプリンクラー設備の有効範囲内の部分につ
いては、消火器具の能力単位数の3分の1ま
でを減少できる（11階以上に設置するものを
除く）。

4. 消火器具の適応性

　消火器具の適応性は、消防法施行令別表第二（次ページ参照）にまとめ
られている。消火器の適応性については、第4章でもくわしく述べるが、
油火災（B火災＝第4類危険物等の火災）、電気火災（C火災）に適応し
ない消火器具については試験によく出題されるので、ここでも挙げておく。

〈油火災に適応しない消火器具〉

- 棒状の水を放射する消火器
- 棒状の強化液を放射する消火器
- 霧状の水を放射する消火器
- 水バケツ、水槽
- 炭酸水素塩類及びりん酸塩類以外の消火粉末

〈電気火災に適応しない消火器具〉

- 棒状の水を放射する消火器
- 棒状の強化液を放射する消火器
- 泡を放射する消火器
- 水バケツ、水槽
- 乾燥砂、膨張ひる石または膨張真珠岩

◇消火器具の適応性（消防法施行令別表第二による）

対象物の区分	棒状の水を放射する消火器	霧状の水を放射する消火器	棒状の強化液を放射する消火器	霧状の強化液を放射する消火器	泡を放射する消火器	二酸化炭素を放射する消火器	ハロゲン化物を放射する消火器	消火粉末を放射する消火器 りん酸塩類等を使用するもの	消火粉末を放射する消火器 炭酸水素塩類等を使用するもの	消火粉末を放射する消火器 その他のもの	水バケツまたは水槽	乾燥砂	膨張ひる石または膨張真珠岩
建築物その他の工作物	○	○	○	○	○			○			○		
電気設備		○		○		○	○	○	○				
危険物 第1類 アルカリ金属の過酸化物またはこれを含有するもの									○	○		○	○
危険物 第1類 その他の第1類危険物	○	○	○	○	○			○			○	○	○
危険物 第2類 鉄粉、金属粉もしくはマグネシウムまたはこれらのいずれかを含有するもの									○	○		○	○
危険物 第2類 引火性固体	○	○	○	○	○	○	○	○	○	○		○	○
危険物 第2類 その他の第2類危険物	○	○	○	○	○			○			○	○	○
危険物 第3類 禁水性物品									○	○		○	○
危険物 第3類 その他の第3類危険物	○	○	○	○	○			○			○	○	○
危険物 第4類				○	○	○	○	○	○	○		○	○
危険物 第5類	○	○	○	○	○						○	○	○
危険物 第6類	○	○	○	○	○			○			○	○	○
指定可燃物 可燃性固体類または合成樹脂類（不燃性または難燃性でないゴム製品、ゴム半製品、原料ゴム及びゴムくずを除く）	○	○	○	○	○			○			○	○	○
指定可燃物 可燃性液体類				○	○	○	○	○	○	○		○	○
指定可燃物 その他の指定可燃物	○	○	○	○	○			○			○		

霧状の強化液を放射する消火器と、りん酸塩類等を使用する粉末消火器は、A火災、B火災、C火災すべてに適応する。後者は粉末（ABC）消火器とも呼ばれる。

A火災（普通火災）に適応

B火災（油火災）に適応

C火災（電気火災）に適応

第 4 類の危険物の火災に適応する消火器

今日解禁のボージョレヌーボーは
（強化液）　　　（棒状）

飲んじゃダメだよ！
（適応しない）（第 4 類）

⤵ 強化液消火器は、棒状に放射する場合は、第 4 類の危険物の火災には適応しない（霧状に放射する場合は適応する）。

ポイントを丸暗記！

1 防火対象物において、少量危険物を貯蔵し、または取り扱う場合は、消火器具の附加設置が必要である。

危険物の種類ごとにその消火に適応する消火器具を、その能力単位の合計数が、貯蔵し、または取り扱う少量危険物の数量をその危険物の指定数量で割った値以上の数値となるように附加設置しなければならない。

2 防火対象物において、指定可燃物を貯蔵し、または取り扱う場合は、消火器具の附加設置が必要である。

指定可燃物の種類ごとにその消火に適応する消火器具を、その能力単位の合計数が、貯蔵し、または取り扱う指定可燃物の数量を政令別表第四に定める数量の50倍で割った値以上の数値となるように附加設置しなければならない。

3 防火対象物に屋内消火栓設備等を設置した場合、消火器具の能力単位数の 3 分の 1 までを減少できる。

屋内消火栓設備、スプリンクラー設備等の消火設備（p.105 参照）を設置した場合、その有効範囲内の部分について、消火器具の能力単位数の 3 分の 1 までを減少できる（防火対象物の 11 階以上の部分に設置する消火器具を除く）。

消火器具の配置等

ここが Point!

消火器具の配置に関する規定を覚えよう。防火対象物の階ごとに、歩行距離による基準が適用されることに注意。

基礎知識を押さえよう！

1. 消火器具の設置箇所

消火器具の設置箇所については、以下のように定められている。

- 消火器具は、通行または避難に支障がなく、かつ、使用に際して容易に持ち出すことができる箇所に設置すること。
- 消火器具は、床面からの高さが 1.5m 以下の箇所に設置すること（消火器具の上端の高さが 1.5m 以下でなければならない）。
- 消火器具は、水その他消火剤が凍結し、変質し、または噴出するおそれが少ない箇所に設置すること。ただし、保護のための有効な措置を講じたときはこの限りでない。
- 消火器には、地震による震動等による転倒を防止するための適当な措置を講じること。ただし、粉末消火器その他転倒により消火剤が漏出するおそれのない消火器にあっては、この限りでない。
- 消火器具を設置した箇所には、消火器にあっては「消火器」、水バケツにあっては「消火バケツ」、水槽にあっては「消火水槽」、乾燥砂にあっては「消火砂」、膨張ひる石または膨張真珠岩にあっては「消火ひる石」と表示した標識を見やすい位置に設けること。

標識には必ず「消火」の文字がつくんですね。消火器の標識はよく目にします。

2. 消火器具の配置

ゴロ合わせ ➡ p.305

　消火器具は、防火対象物の階ごとに、防火対象物の各部分から、それぞれの消火器具に至る歩行距離が、原則として 20m（大型消火器は 30m）以下となるように配置しなければならない。

> 歩行距離とは、壁や什器等の障害物を避けて、実際に歩行できる部分の動線について測定される距離をいう。水平距離とは意味が異なるので注意しよう。

⚡ 消火器具の配置の例

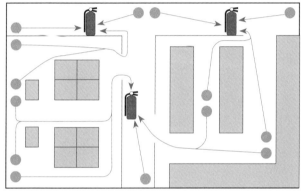

各階について、どの部分からも歩行距離が原則として 20m 以下になるように消火器具を配置する。

●から消火器具への歩行距離が、すべて原則として 20m 以下でなければならない。

　上図の例では、この階のどの部分からも歩行距離が 20m 以下となるように、消火器が 3 個設置されている。この防火対象物にこの階以外の階がなく、この階の床面積から算定される所要能力単位が 2 だとすると、計算上は、能力単位 1 の消火器[※]を 2 個設置すればよいことになるが、実際には、歩行距離の規定を満たすために消火器を 3 個設置する必要がある。このように、所要能力単位から求められる設置個数より多い数の消火器具を設置しなければならない場合がある。

※ 業務用消火器（住宅用消火器以外の消火器）は、A 火災または B 火災に対する能力単位の数値が 1 以上でなければならない。

3. 地下街等に設置できない消火器　　　　ゴロ合わせ ➡ p.305

　二酸化炭素またはハロゲン化物（ハロン1301を除く）を放射する消火器は、以下の場所に設置してはならない。

- 地下街
- 準地下街
- 換気について有効な開口部の面積が床面積の30分の1以下で、かつ、床面積が20m² 以下の地階、無窓階または居室

> 換気の悪い場所で二酸化炭素消火器を使用すると酸欠状態になることがあり、ハロゲン化物消火器を使用すると、消火時に発生する有害物質を吸引するおそれがある。

ポイントを丸暗記！

1 **消火器具は、床面からの高さが 1.5m 以下の箇所に設置しなければならない。**

消火器具全体が、床面からの高さ 1.5m 以下に設置されていることが必要である。つまり、消火器具の上端の高さが 1.5m 以下となるようにしなければならない。

2 **消火器具は、防火対象物の各部分からの歩行距離が原則 20m 以下となるように配置しなければならない。**

消火器具は、防火対象物の階ごとに、防火対象物の各部分から、それぞれの消火器具に至る歩行距離が原則 20m（大型消火器は 30m）以下となるように配置しなければならない。水平距離ではないことに注意する。

3 **二酸化炭素またはハロゲン化物（ハロン1301を除く）を放射する消火器は、地下街等に設置してはならない。**

二酸化炭素またはハロゲン化物（ハロン1301を除く）を放射する消火器は、地下街、準地下街、換気について有効な開口部の面積が床面積の30分の1以下で、かつ、床面積が 20m² 以下の地階、無窓階、居室に設置してはならない。

危険物施設における消火設備の設置基準

ここが Point!

製造所等の延べ面積による規定のほか、指定数量の 10 倍が 1 所要単位となることを覚えておこう。

基礎知識を押さえよう！

1. 消火設備の区分

　指定数量以上の危険物を貯蔵し、または取り扱う危険物施設（p.45 参照）については、この章の Lesson 01 ～ 04 で扱ってきた一般の防火対象物に対する消火器具の設置基準とは別に基準が定められている。

　危険物の規制に関する政令により、消火設備は、下記のように第 1 種から第 5 種に区分されている。この区分は、一般の防火対象物に対する消防用設備等の設置基準には用いられていない。消防設備士の工事整備対象設備等の区分（p.73 参照）とも異なるので少しまぎらわしいが、危険物施設の場合は、このような区分が用いられることを覚えておこう。

〈危険物規制における消火設備の区分〉
- 第 1 種消火設備：屋内消火栓設備、屋外消火栓設備
- 第 2 種消火設備：スプリンクラー設備
- 第 3 種消火設備：水蒸気消火設備、水噴霧消火設備、泡消火設備、不活性ガス消火設備、ハロゲン化物消火設備、粉末消火設備
- 第 4 種消火設備：大型消火器
- 第 5 種消火設備：小型消火器、簡易消火用具

　　消火器は第 4 種と第 5 種ですね。

2. 危険物施設に設置すべき消火設備

危険物施設には、火災が発生したときの危険性に応じて、下表のように消火設備を設置することが定められている。

◇**危険物施設に設置すべき消火設備**

危険物施設	設置すべき消火設備
火災が発生したとき著しく消火が困難と認められる製造所等	「第1種、第2種または第3種」 ＋第4種＋第5種
火災が発生したとき消火が困難と認められる製造所等	第4種＋第5種
上記以外の製造所等	第5種

もちろん、上表の区分に該当する消火設備ならば何を設置してもよいわけではなく、それぞれの危険物施設において貯蔵し、または取り扱う危険物の消火に適応する消火設備を設置しなければならない（消火器具の適応性については、p.107の表参照）。

3. 所要単位

所要単位とは、消火設備の設置の対象となる危険物施設の規模や、危険物の量を基準として定められる値である。所要単位は、製造所等の建築物の延べ面積によって算出されるほか、危険物の量については、指定数量の10倍が1所要単位とされる（次ページの表参照）。

第5種消火設備については、消火器の能力単位が所要単位以上になるように設置しなければならない場合、所要単位の5分の1以上になるように設置しなければならない場合、所要単位に関係なく設置個数が定められている場合などがあり、危険物施設の種類や規模、建築物の構造、取り扱う危険物の性状等により細かく規定されているが、ここでは詳細は省略する。

危険物規制における所要単位は、一般の防火対象物における所要能力単位と似ているが、施設の延べ面積だけでなく、危険物の量も基準になっていることに注意しよう。

◇所要単位の算定方法

		1所要単位となる数値	
建築物の延べ面積による規定	製造所取扱所	外壁が耐火構造	延べ面積 100m^2
		上記以外	延べ面積 50m^2
	貯蔵所	外壁が耐火構造	延べ面積 150m^2
		上記以外	延べ面積 75m^2
危険物の量による規定		指定数量の 10 倍	

延べ面積による規定で、耐火構造の場合に基準が緩和されるところは、一般の防火対象物と同様ですね。

危険物施設の設置基準については、出題例はそれほど多くないけれど、指定数量の10倍が1所要単位とされることは覚えておこう。

ポイントを丸暗記！

1 **危険物の規制に関する政令により、消火設備は、第1種から第5種に区分されている。**

第4種消火設備は大型消火器、第5種消火設備は小型消火器、簡易消火用具である。

2 **危険物の量については、指定数量の 10 倍が1所要単位とされる。**

所要単位には、製造所等の建築物の延べ面積による規定のほかに、危険物の量による規定があり、指定数量の10倍が1所要単位とされる。

練習問題にチャレンジ！

問 題　▶解答と解説は p.119 ～ 122

問題 01

消火器具を設置しなければならない防火対象物は、次のうちどれか。ただし、いずれも 2 階以下の階で、地階、無窓階ではないものとする。

1　延べ面積 200m^2 の神社
2　延べ面積 200m^2 の事務所
3　延べ面積 150m^2 の映画スタジオ
4　延べ面積 250m^2 の図書館

➡ Lesson 01

問題 02

延べ面積に関係なく消火器具を設置しなければならない防火対象物は、次のうちどれか。

1　小学校
2　ホテル
3　倉庫
4　重要文化財

➡ Lesson 01

問題 03

延べ面積 1,200m^2 の木造の小学校に消火器具を設置する場合の所要能力単位の値として、正しいものは次のうちどれか。

1　　6
2　10
3　12
4　24

➡ Lesson 02

問題 04

　延べ面積 1,200m² の劇場に消火器具を設置する場合の所要能力単位の値として、正しいものは次のうちどれか。ただし、劇場の建築物は、主要構造部を耐火構造とし、壁及び天井の室内に面する部分の仕上げを難燃材料としたものとする。

1　　6
2　10
3　12
4　24

➡ Lesson 02

問題 05

　消火器具を設置する場合の所要能力単位の算定基準面積として、正しい組み合わせは次のうちどれか。ただし、いずれも耐火構造でない防火対象物とする。

1　地下街…200m²
2　幼稚園…100m²
3　病院……　50m²
4　事務所…100m²

➡ Lesson 02

問題 06

　電気火災に対する消火器の適応性について、誤っているものは次のうちどれか。

1　棒状の水を放射する消火器は、電気火災に適応しない。
2　棒状の強化液を放射する消火器は、電気火災に適応しない。
3　霧状の強化液を放射する消火器は、電気火災に適応する。
4　泡を放射する消火器は、電気火災に適応する。

➡ Lesson 03

問題07

電気設備がある場所への消火器具の附加設置に関する規定として、正しいものは次のうちどれか。

1　電気設備の消火に適応する消火器具を、能力単位の合計数が、電気設備がある場所の床面積を $25m^2$ で割った値以上となるように設置しなければならない。
2　電気設備の消火に適応する消火器具を、能力単位の合計数が、電気設備がある場所の床面積を $100m^2$ で割った値以上となるように設置しなければならない。
3　電気設備の消火に適応する消火器を、電気設備がある場所の床面積 $25m^2$ 以下ごとに1個設置しなければならない。
4　電気設備の消火に適応する消火器を、電気設備がある場所の床面積 $100m^2$ 以下ごとに1個設置しなければならない。

➡ Lesson 03

問題08

防火対象物にスプリンクラー設備を設置した場合の消火器具の設置基準に関する記述として、正しいものは次のうちどれか。ただし、その防火対象物に設置すべき消火器具の適応性は、設置したスプリンクラー設備の適応性と同一であり、防火対象物は10階建て以下のものとする。

1　スプリンクラー設備の有効範囲内の部分について、消火器具の能力単位の合計数を、規定の3分の1までを減少した値とすることができる。
2　スプリンクラー設備の有効範囲内の部分について、消火器具の能力単位の合計数を、規定の2分の1までを減少した値とすることができる。
3　スプリンクラー設備の有効範囲内の部分について、消火器具を設置しないことができる。
4　スプリンクラー設備を設置しても、消火器具の能力単位の合計数を減少することはできない。

➡ Lesson 03

消火器具の設置基準に関する記述として、誤っているものは次のうちどれか。

1 消火器具は、床面からの高さが 1.5m 以下の箇所に設置する。
2 水槽を設置した箇所には、「消防用水」と表示した標識を設ける。
3 消火剤が凍結するおそれが少ない箇所に設置する。
4 消火器には、地震による震動等による転倒を防止するための措置を講じる。

→ Lesson 04

防火対象物に消火器（大型消火器を除く）を設置する場合の設置位置について、正しいものは次のうちどれか。

1 防火対象物の各部分から、それぞれの消火器に至る水平距離が、原則として 20m 以内となるように配置する。
2 防火対象物の各部分から、それぞれの消火器に至る歩行距離が、原則として 20m 以内となるように配置する。
3 防火対象物の各部分から、それぞれの消火器に至る水平距離が、原則として 30m 以内となるように配置する。
4 防火対象物の各部分から、それぞれの消火器に至る歩行距離が、原則として 30m 以内となるように配置する。

→ Lesson 04

地下街、準地下街、換気について有効な開口部の面積が床面積の 30 分の 1 以下で、かつ、当該床面積が 20m^2 以下の地階、無窓階または居室に設置することができない消火器は、次のうちどれか。

1 ガス加圧式粉末消火器
2 ハロン 1301 消火器
3 二酸化炭素消火器
4 化学泡消火器

→ Lesson 04

問題 12

製造所等の危険物施設に消火設備を設置する場合の基準となる所要単位について、正しいものは次のうちどれか。

1　危険物の量については、指定数量の 10 倍を 1 所要単位とする。
2　危険物の量については、指定数量の 20 倍を 1 所要単位とする。
3　危険物の量については、指定数量の 40 倍を 1 所要単位とする。
4　危険物の量については、指定数量の 100 倍を 1 所要単位とする。

➡ Lesson 05

解答と解説　　▶問題は p.115〜119

問題 01　正解　3

1　×　神社は、延べ面積 300m² 以上の場合に、消火器具の設置が必要になる。
2　×　事務所は、延べ面積 300m² 以上の場合に、消火器具の設置が必要になる。
3　○　映画スタジオは、延べ面積 150m² 以上の場合に、消火器具の設置が必要になる。
4　×　図書館は、延べ面積 300m² 以上の場合に、消火器具の設置が必要になる。
➡ 間違えた人は、Lesson 01 を復習しよう。

問題 02　正解　4

1　×　小学校は、延べ面積 300m² 以上の場合に、消火器具の設置が必要になる。
2　×　ホテルは、延べ面積 150m² 以上の場合に、消火器具の設置が必要になる。
3　×　倉庫は、延べ面積 150m² 以上の場合に、消火器具の設置が必要になる。
4　○　重要文化財は、延べ面積に関係なく、消火器具の設置が必要である。
➡ 間違えた人は、Lesson 01 を復習しよう。

　小学校の所要能力単位の算定基準面積は $\underline{200}$m^2 である。所要能力単位は、延べ面積を算定基準面積で割った値なので、1200 ÷ 200 = $\underline{6}$ となる。

➡ 間違えた人は、Lesson 02 を復習しよう。

問題 04　正解　3

　劇場の所要能力単位の算定基準面積は $\underline{50}$m^2 であるが、主要構造部を耐火構造とし、壁及び天井の室内に面する部分の仕上げを難燃材料としてあるので、算定基準面積は2倍の100m^2 となる。所要能力単位は、延べ面積を算定基準面積で割った値なので、1200 ÷ 100 = $\underline{12}$ となる。

➡ 間違えた人は、Lesson 02 を復習しよう。

問題 05　正解　2

1　×　地下街の所要能力単位の算定基準面積は $\underline{50}$m^2 である。
2　○　幼稚園の所要能力単位の算定基準面積は $\underline{100}$m^2 である。
3　×　病院の所要能力単位の算定基準面積は $\underline{100}$m^2 である。
4　×　事務所の所要能力単位の算定基準面積は $\underline{200}$m^2 である。

➡ 間違えた人は、Lesson 02 を復習しよう。

問題 06　正解　4

　電気火災に適応しない消火器は、$\underline{棒状}$の水を放射する消火器、$\underline{棒状}$の強化液を放射する消火器、$\underline{泡}$を放射する消火器である。

➡ 間違えた人は、Lesson 03 を復習しよう。

問題 07　正解　4

　防火対象物またはその部分に変圧器、配電盤その他これらに類する電気設備があるときは、電気設備の消火に適応するものとされる消火器を、電気設備がある場所の床面積 $\underline{100}$m^2 以下ごとに $\underline{1}$ 個設けなければならない。

➡ 間違えた人は、Lesson 03 を復習しよう。

問題08 **正解** 1

　防火対象物に、下記の消火設備を技術上の基準に従って設置した場合、その消火設備の適応性が、防火対象物に設置すべき消火器具の適応性と同一であるときは、消火設備の有効範囲内の部分について、消火器具の能力単位の数値の合計数を、規定の3分の1までを減少した数値とすることができる。ただし、防火対象物の11階以上の部分に設置する消火器具には、この規定は適用されない。
・屋内消火栓設備
・スプリンクラー設備
・水噴霧消火設備
・泡消火設備
・不活性ガス消火設備
・ハロゲン化物消火設備
・粉末消火設備

➡ 間違えた人は、Lesson 03を復習しよう。

問題09 **正解** 2

1　○　消火器具は、床面からの高さが1.5m以下の箇所に設置する。消火器を壁面などに設置する場合は、消火器の上端の高さが1.5m以下となるようにしなければならない。

2　×　消火器具を設置した箇所には、以下のように表示した標識を見やすい位置に設ける。
・消火器……「消火器」
・水バケツ…「消火バケツ」
・水槽………「消火水槽」
・乾燥砂……「消火砂」
・膨張ひる石または膨張真珠岩…「消火ひる石」

3　○　消火器具は、水その他消火剤が凍結し、変質し、または噴出するおそれが少ない箇所に設置する（保護のための有効な措置を講じたときはこの限りでない）。

4　○　消火器には、地震による震動等による転倒を防止するための適当な措置を講じる（粉末消火器その他転倒により消火剤が漏出するおそれのない消火器については、この限りでない）。

➡ 間違えた人は、Lesson 04を復習しよう。

問題 10 　**正解**　2

　消火器具は、防火対象物の階ごとに、防火対象物の各部分からそれぞれの消火器具に至る歩行距離が、原則として 20m 以下となるように配置しなければならない（大型消火器は 30m 以下）。

➡ 間違えた人は、Lesson 04 を復習しよう。

問題 11 　**正解**　3

　地下街等に設置できない消火器は、二酸化炭素消火器と、ハロン 1301 消火器を除くハロゲン化物消火器である。

➡ 間違えた人は、Lesson 04 を復習しよう。

問題 12 　**正解**　1

　製造所等の危険物施設に消火設備を設置する場合の基準となる所要単位については、建築物の延べ面積による規定のほかに、危険物の量による規定がある（p.113 参照）。危険物の量については、指定数量の 10 倍が 1 所要単位となる。

➡ 間違えた人は、Lesson 05 を復習しよう。

いちばんわかりやすい！
消防設備士6類 合格テキスト

3章
機械に関する基礎的知識

まず、これだけ覚えよう！

この章の内容は、初歩的な物理の学習が中心になる。ここでは、物理の学習に欠かすことのできない「単位」について整理しておこう。

①基本単位と組立単位

　物理で使われる単位として最も基本的なものは、長さの単位であるメートル［m］、質量の単位であるキログラム［kg］、時間の単位である秒［s］の3つだ。現在、世界のほとんどの国で採用されている国際単位系（SI）では、この3つの単位に、電流の単位アンペア［A］、温度の単位ケルビン［K］、光度の単位カンデラ［cd］、物質量の単位モル［mol］を加えた7つの単位を基本単位としている。

　基本単位は、それぞれ厳密な基準により定義されている。長さの単位メートルは、最初は「北極から赤道に至る子午線の長さの1000万分の1を1mとする」と定義されたが、何度かの変更を経て、現在は「光が真空中を1秒間に進む距離の299792458分の1を1mとする」という定義になっている。

　基本単位以外のさまざまな単位は、基本単位を組み合わせて（掛けたり割ったりして）作られている。そのような単位を、組立単位という。例えば、面積の単位は平方メートル［m^2］で、長さの単位メートル［m］の2乗になっている。速度の単位はメートル毎秒［m/s］で、メートル［m］を秒［s］で割ったものである。

　組立単位の中には、固有の名称と記号を与えられているものもある。力の単位ニュートン［N］（$1N = 1kg \cdot m/s^2$）、圧力の単位パスカル［Pa］（$1Pa = 1N/m^2$）などがその例である。

②単位の倍数を表す接頭語

　基本単位や組立単位に、倍数を表す接頭語を付けて作られた単位もある。メートルの 1000 倍の長さを表すキロメートル［km］、メートルの 1000 分の 1 の長さを表すミリメートル［mm］などがその例である（質量の単位キログラム［kg］は、基本単位だが接頭語が付いている）。倍数を表す接頭語は、下表のようにきめられている。

倍　数	接頭語	記　号
10 倍	デカ	da
10^2 倍　（100 倍）	ヘクト	h
10^3 倍　（1000 倍）	キロ	k
10^6 倍　（100 万倍）	メガ	M
10^9 倍　（10 億倍）	ギガ	G
10^{12} 倍　（1 兆倍）	テラ	T
10^{-1} 倍　（10 分の 1）	デシ	d
10^{-2} 倍　（100 分の 1）	センチ	c
10^{-3} 倍　（1000 分の 1）	ミリ	m
10^{-6} 倍　（100 万分の 1）	マイクロ	μ
10^{-9} 倍　（10 億分の 1）	ナノ	n
10^{-12} 倍　（1 兆分の 1）	ピコ	p

③計算問題では単位に注意！

　1m と 1cm を足して 1 ＋ 1 ＝ 2 としても、その 2 という数字には意味がない。1cm ＝ 0.01m として単位を揃えてから、1 ＋ 0.01 ＝ 1.01［m］とするのが正しい計算である。このように、単位が付いている値の足し算や引き算をするときは、単位を同じにしなければならない。

　掛け算や割り算をするときは、数字だけでなく、単位も掛けたり割ったりする必要がある。100m の距離を 10 秒で走る人の速度を求める計算は、100［m］÷ 10［s］＝ 10［m/s］で、答えは 10 メートル毎秒となる。計算問題では、単位を見落としやすいので注意しよう。

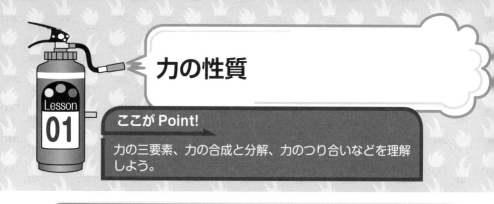

力の性質

ここが Point!

力の三要素、力の合成と分解、力のつり合いなどを理解しよう。

基礎知識を押さえよう！

1. 力の三要素

　物体が変形し、または、物体の運動状態が変化するとき、その物体には力が働いているという。物体の変形とは、物がへこんだり、伸びたり、曲がったりすることで、運動状態の変化とは、静止していた物が動いたり、動いていた物が静止したり、運動の速度が変わったり、運動の向きが変わったりすることである。これらの現象は、物体に働く力によって引き起こされる。

　力には、大きさと向きがあり、力の働きは、力の大きさだけでなく、向きによっても変化する。このように、大きさと向きの両方をもつ物理量のことを、ベクトルという[※]。力、速度、加速度などはベクトルである。

※ これに対し、向きがなく、大きさのみをもつ物理量をスカラーという。長さ、時間、体積などはスカラーである。

　物体に対して力が働く点のことを作用点といい、作用点を通って力の向きに引いた直線を作用線という。力の大きさ、向き、作用点（または作用線）を、力の三要素という。　　　　　　　　　　　　　　　ゴロ合わせ ➡ p.306

力の単位はニュートン [N] だ。1N は「質量 1kg の物体に 1m/s^2 の加速度を生じさせる力」と定義されている。

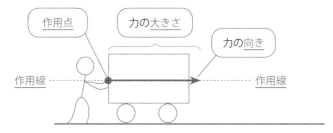

矢印の長さが力の<u>大きさ</u>を、矢印の向きが力の<u>向き</u>を表している。

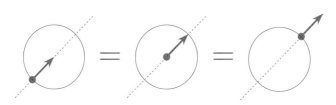

剛体（p.131 参照）に働く力は、作用点を作用線上のどこに動かしても、その働きは変わらない。つまり、上図のように矢印の長さと向きを変えずに、作用線に沿って動かしても差しつかえない。これを作用線の定理という。

力の三要素と作用線の定理

作用点　力の大きさ　力の向き　作用線　作用線

01

力の性質

2. 力の合成と分解

　右図のように、大きな石にロープを結びつけて、1 人が A の方向に、もう 1 人が B の方向に引いたとする。2 人の引く力の強さが同じくらいなら、石は C の方向に動くであろう。

　このとき、石には A と B の向きの 2 つの力が働いているのだが、その力の作用は、C の向きに 1 つの力が働いているときと同じだといえる。

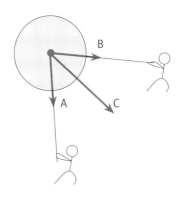

このように、物体に2つ以上の力が同時に働くとき、それらの力と等しい効果をもつ1つの力を合力といい、合力を求めることを、力の合成という。

　力の合成と反対に、1つの力を、それと同じ効果をもつ2つ以上の力（分力）に分けることもできる。分力を求めることを、力の分解という。

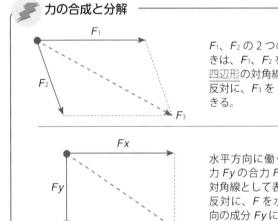

⚡ 力の合成と分解

F_1、F_2の2つの力の合力F_3の大きさと向きは、F_1、F_2を表す矢印を2辺とする<u>平行四辺形</u>の対角線により表される。
反対に、F_3をF_1とF_2に分解することもできる。

水平方向に働く力Fxと、鉛直方向に働く力Fyの合力Fは、左図のように<u>長方形</u>の対角線として表される。
反対に、Fを水平方向の成分Fxと鉛直方向の成分Fyに分解することもできる。

3. 力のつり合い

　物体にいくつかの力が同時に働いていても、それらの力がつり合っているときは、物体の運動状態は変化しない。力がつり合っているとき、物体に加わる力の合力は0になっている。

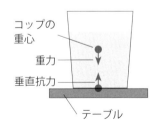

コップの重心
重力
垂直抗力
テーブル

テーブルの上に置いたコップには重力が働いているが、テーブルがコップを押し返す力（垂直抗力）が重力とつり合っているから、コップは静止したままだ。

　物体に働く2つの力がつり合うのは、①力の大きさが等しい、②力の向きが反対、③作用線が同一である、という3つの条件が成り立っているときである。このときに合力が0であることは明らかである。

　3つの力がつり合うのは、2つの力の合力ともう1つの力がつり合うことと同じで、その場合、3つの力の作用線が1点で交わるという条件が必要になる。

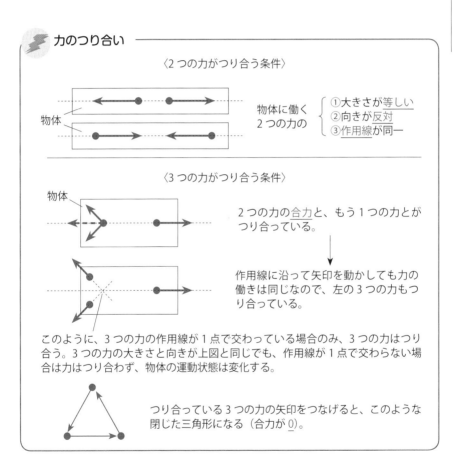

力のつり合い

〈2つの力がつり合う条件〉

物体

物体に働く2つの力の
①大きさが等しい
②向きが反対
③作用線が同一

〈3つの力がつり合う条件〉

物体

2つの力の合力と、もう1つの力とがつり合っている。

作用線に沿って矢印を動かしても力の働きは同じなので、左の3つの力もつり合っている。

このように、3つの力の作用線が1点で交わっている場合のみ、3つの力はつり合う。3つの力の大きさと向きが上図と同じでも、作用線が1点で交わらない場合は力はつり合わず、物体の運動状態は変化する。

つり合っている3つの力の矢印をつなげると、このような閉じた三角形になる（合力が0）。

　大きさが等しく向きが反対で作用線が異なる2つの力が物体に働いているときは、物体を回転させようとする力の働きが生じる。その働きを力のモーメントという（Lesson 02 参照）。

4. 作用反作用の法則

　力は、常に２つの物体の間で互いに及ぼし合うように働く。ある物体（A）が他の物体（B）に力（作用）を及ぼすとき、A も B から逆向きの力（反作用）を受ける。このとき、作用と反作用は、①力の大きさが等しく、②力の向きが反対で、③作用線が同一である、という関係が成り立っている。これを、作用反作用の法則という。

　作用反作用の法則は、２つの力のつり合いの条件と同じ表現になっているが、作用と反作用は２つの物体が及ぼし合う１組の力、力のつり合いは１つの物体に働く２つの力のことなので、述べている内容は異なる。

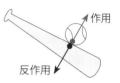

作用

反作用

ポイントを**丸**暗記！

1 　**力には、大きさと向きがある。**

力の大きさ、向き、作用点（または作用線）を、力の３要素という。

2 　**物体に働く２つの力がつり合う条件は、①力の大きさが等しい、②力の向きが反対、③作用線が同一、の３つ。**

これらの条件が成り立つとき、２つの力の合力は 0 となり、物体の運動状態は変化しない。

運動状態が変化しないということは、静止しているものは静止したままで、動いているものは同じ速度のまま動き続けるということだ。

力のモーメント

ここが Point!

力のモーメントは、力そのものではなく、力と距離の積
で表される値であることを理解しよう。

基礎知識を押さえよう！

1. 剛体と質点

　物体の大きさを無視し、物体を質量だけがあって大きさがない1つの
点とみなしたものを質点という。質点は、物体の運動にかかわる力の働き
について単純化して考えるための、仮想的な物体である。

　しかし、実際にはどんな物体にも大きさがあるので、大きさを無視した
ままでは説明できないことがらが生じる。そこで、大きさはあるが、どん
な力が加わっても変形しない物体について考えてみる。物体が変形しない
ならば、物体に働く力はすべて、物体の運動のみにかかわると考えられる。
そのような物体を剛体という。実際には、どんな物体も力が加われば多少
は変形するので、剛体も仮想的な物体である。

　剛体の運動は、物体を構成するすべての点が平行に移動する並進運動と、
物体がある点を中心に回転する回転運動に分けられる。

⚡ **剛体と質点**

剛体の運動について考えるときは、並進運動
のほかに回転運動も考慮しなければならない。

物体を質点とみなすとき
は、回転運動は考慮しな
くてよい。

2. 力のモーメント

物体に加わった力が物体に回転運動をさせる働きをするとき、その働きを表す量を、力のモーメントという。力のモーメントの大きさは、力と、回転軸から力の作用線までの距離との積で表される。力と距離の積なので、単位はニュートンメートル［N・m］である。

下図の例でいうと、M（$=Fd$）を、力 F が点 O のまわりにもつ力のモーメントという。

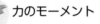
力のモーメント

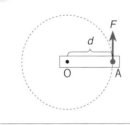

棒状の物体の一端 O を自由に回転できるように固定しておき、点 A に力 F を加えると、棒は O を中心に左回りに回転する。
この場合は、力 F の向きが OA に対して垂直なので、力 F と OA 間の距離 d との積 Fd が力のモーメントの大きさである。力のモーメントを M で表すと、$M=Fd$ となる。

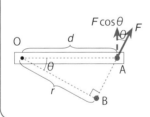

力 F の向きが OA に対して垂直でないときは、力 F の OA に対して垂直な成分 $F\cos\theta$ が棒を回転させる働きをもつ。したがって、$M = F\cos\theta d$ であるが、左図により $OA\cos\theta = OB$（$=r$）なので、$M=Fr$ となる。つまり、力のモーメントの大きさは、力と、回転軸から力の作用線までの距離との積で表される。

機械の分野では、上図の例のように固定された回転軸のまわりに働く力のモーメントを、トルクと呼ぶことが多い。問題文にトルクという言葉が出てきたら、力のモーメントと同じ意味だと思えばよい。

もちろん、トルクも力に距離を掛けた値なので、通常用いられる単位は［N・m］である※。

※ 機械の分野では、トルクの単位として重量キログラムメートル［kgf・m］が用いられることもある（1kgf・m ＝ 9.807N・m）。

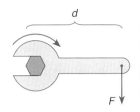

スパナでナットを回して締め付けるときの力のモーメントを、締め付けトルクという。左図の力 F が500N、d が20cmなら、締め付けトルクは $500 \times 0.2 = 100[N·m]$ だ。

　自動車にくわしい人なら、自動車のエンジンの性能を表す指標のひとつとして、「最大トルク」という数値が用いられていることを知っているかもしれない。この場合のトルクとは、エンジンが車輪を回転させる力のモーメントのことである。自転車のペダルを踏んでこぐときも、ドライバーでねじを締めるときも、容器のキャップを回してふたを開けるときも、物体に回転運動をさせる力のモーメントが生じている。

3. 力のモーメントのつり合い

　物体を左回りに回転させる力のモーメントを正の値で表し、右回りに回転させる力のモーメントを負の値で表すとする（符号は逆でも問題ないが、このようにきめることが多い）。

　物体にいくつかの力が働いていても、それらの力のモーメントの和が0になる（つまり、左回りのモーメントの和と右回りのモーメントの和が等しい）場合は、力のモーメントがつり合っているので、物体は回転しない。

⚡ 力のモーメントのつり合い

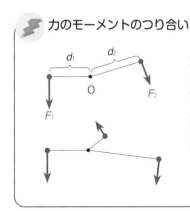

力 F_1 は O を中心に物体を左回りに回転させようとするので、力のモーメント $M_1 = F_1 d_1$ は正の値、力 F_2 は物体を右回りに回転させようとするので、力のモーメント $M_2 = F_2 d_2$ は負の値となる。$M_1 + M_2 = 0$ ならば力のモーメントはつり合っており、物体は回転しない。力が3つ以上のときも同様。

ポイントを丸暗記！

1 力のモーメントとは、物体を回転させる力の働きの大きさを表す量である。

力のモーメントは、力と、回転軸から力の作用線までの距離との積で表される。単位はニュートンメートル［N・m］である。

2 物体に働く力のモーメントの和が 0 になるとき、力のモーメントがつり合っているという。

物体に働く力のモーメントの和が 0 になる（左回りのモーメントと右回りのモーメントが等しい）場合は、力のモーメントがつり合っており、物体は回転しない。

力のモーメントについては、簡単な計算問題が出題されることがある。力のモーメントが力と距離の積であることを理解していれば OK だ。

力と仕事／摩擦力

基礎知識を押さえよう！

1. 力と仕事

　物体に一定の力 F [N] を加えて、力の向きに s [m] 動かしたとき、力 F は物体に Fs [J] の仕事をしたという。仕事の単位はジュール [J] で、1N の力が物体を力の方向へ 1m 動かすときになされる仕事が 1J である[※]。

[※] 1J ＝ 1N·m であるが、仕事、エネルギーの単位としてはジュール [J] を用い、力のモーメント（p.132 参照）の単位としてはニュートンメートル [N·m] を用いる。

　力の向きと物体の移動方向が異なる場合は、力 F の物体の移動方向の成分 $F\cos\theta$ （ θ は力の向きと物体の移動方向がなす角）と距離 s の積が、力 F が物体にした仕事である（変位 s の力の方向の成分 $s\cos\theta$ と F の積と考えても同じ）。仕事 W を求める式は、下記のようになる。

$$W = (F\cos\theta)s = Fs\cos\theta$$

　物体に力を加えているのに物体が動いていないときや、物体の移動方向が力の向きに対して垂直であるときは、その力が物体にする仕事は 0 である。物体の移動方向と力の向きが反対であるときは、その力は物体に負の仕事をしたという。

　　負の仕事をするのは、物体の動きに逆らって、動きを止めようとする力だ。

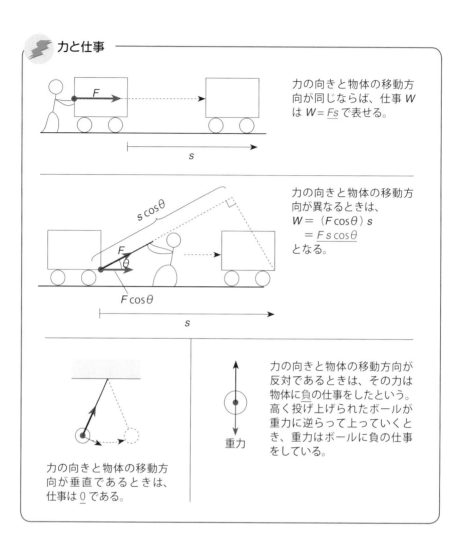

力と仕事

力の向きと物体の移動方向が同じならば、仕事 W は $W = Fs$ で表せる。

力の向きと物体の移動方向が異なるときは、
$$W = (F\cos\theta)\,s$$
$$= Fs\cos\theta$$
となる。

力の向きと物体の移動方向が反対であるときは、その力は物体に負の仕事をしたという。高く投げ上げられたボールが重力に逆らって上っていくとき、重力はボールに負の仕事をしている。

力の向きと物体の移動方向が垂直であるときは、仕事は 0 である。

2. 仕事率

単位時間当たりになされる仕事の量を、仕事率という。仕事率の単位はワット［W］である。1 秒当たり 1J の仕事がなされるときの仕事率が 1W である（1W = 1J/s）。

$$P = \frac{W}{t} \qquad P：仕事率［W］\quad W：仕事［J］\quad t：時間［s］$$

3. 静止摩擦力

　右図のように、平面上に置いてある物体を
水平方向に引くとする。引く力 P が小さいと
きは、物体は動かない。それは、P と反対向
きで大きさの等しい力 F が平面から物体に働
いて、力 P とつり合うためである。

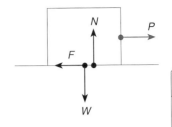

　このように、物体と他の物体の接触面に生
じ、物体の運動を妨げようとする力を、**摩擦力**という。この場合、摩擦力
F は静止している物体に働いているので、**静止摩擦力**という。

　力 P をだんだん大きくしていくと、摩擦力 F もそれに応じて増大し、
つり合いを保とうとするが、ある限度を超えると、ついに平衡（へいこう）が破れて、
物体は動き始める。そのときの摩擦力を、**最大静止摩擦力**という。

　平面から物体に働く力には、摩擦力のほかに垂直抗力 N がある。垂直
抗力は、重力により物体が平面に押し付けられる力（荷重）W に対抗し
ている[※]。最大静止摩擦力の大きさは垂直抗力に比例し、そのときの比例
定数を、**静止摩擦係数**という。　　　　　　　　　　ゴロ合わせ ➡ p.306

$$F_0 = \mu N \qquad F_0：最大静止摩擦力 \quad \mu：静止摩擦係数 \quad N：垂直抗力$$

　静止摩擦係数 μ は、接触している物質どうしの組み合わせ（接触面の状
態）によってきまり、接触面の面積にはほとんど関係がないことが知られ
ている。つまり、上図の直方体をどのような向きに置いたとしても、面の
性質が同じならば、最大静止摩擦力は等しい。一般に接触面が粗く、ざら
ざらしていると静止摩擦係数が大きく、接触面がつるつるしてなめらかな
場合は静止摩擦係数が小さくなると考えられる。

　上図のように、物体が水平面上にあり、物体を平面に押し付ける力が重
力のみであるときは、物体に働く重力 W（物体の重量）と垂直抗力 N の
大きさが等しい（向きは逆である）ので、このような場合は、最大静止摩
擦力を物体の重量と静止摩擦係数の積で表せる。

※ 上図の力 P と摩擦力 F は作用線が一致していないので、厳密には力 P と力 F だけ
　では力がつり合わず、物体を右回りに回転させようとする力のモーメントが生じて
　いるが、重力 W と垂直抗力 N の働きが そのモーメントを打ち消している。N の作
　用点が荷重 W よりも物体の進行方向に近くなっているのはそのためである。

4. 動摩擦力

前項の図の物体が動きだしてからも、摩擦力は生じている。平面の上を滑るように動く物体には、物体の運動方向と反対向きの摩擦力が働いている。このように、運動している物体に働く摩擦力を、動摩擦力という。一般に、動摩擦力の大きさは、最大静止摩擦力より小さい値となる。

動摩擦力は垂直抗力に比例し、その比例定数を、動摩擦係数という。

$F'= \mu'N$ F'：動摩擦力 μ'：動摩擦係数 N：垂直抗力

動摩擦係数は、接触している物質どうしの組み合わせ（接触面の状態）によってきまり、接触面の面積とも、物体が運動する速度とも関係ない。動摩擦力は、物体の移動方向と反対向きに働き、物体に負の仕事をする。

ポイントを丸暗記！

1 物体に一定の力を加えて力の向きに動かしたとき、力と動いた距離との積を、その力が物体にした<u>仕事</u>という。

仕事の単位は<u>ジュール</u>［J］で、1Nの力が物体を力の方向へ1m動かすときになされる仕事が1Jである。

2 物体と他の物体の接触面に生じ、物体の運動を妨げようとする力を、<u>摩擦力</u>という。

物体を動かそうとする力と摩擦力の平衡が破れて、物体が動き始めるときの摩擦力を、<u>最大静止摩擦力</u>という。

3 最大静止摩擦力の大きさは垂直抗力に比例し、そのときの比例定数を、<u>静止摩擦係数</u>という。

静止摩擦係数は、<u>接触面の面積</u>には関係なく、接触している物質の組み合わせ（接触面の状態）によってきまる。

応力とひずみ

Lesson 04

ここが Point!

荷重と応力、応力とひずみの関係を理解しよう。フックの法則と安全率の定義は必ず覚えよう。

基礎知識を押さえよう！

1. 荷重と応力

荷重とは、物体に外部から加えられる力のことである。物体に与える作用により、荷重は以下のように分類される。

- 引張荷重：物体を引き伸ばす方向に作用する力
- 圧縮荷重：物体を押し縮める方向に作用する力
- せん断荷重：物体を断面に沿ってずらすように作用する力
- 曲げ荷重：物体を曲げるように作用する力
- ねじり荷重：物体をねじるように作用する力

ゴロ合わせ ➡ p.307

引張荷重と圧縮荷重は、物体の軸方向に作用するので、軸荷重ともいう。

応力とは、荷重に応じて物体の内部に生じる抵抗力で、物体をもとどおりの形状に保とうとする力である。物体が破断しないかぎり、荷重と応力はつり合っていると考えられる。つまり、応力は荷重と大きさが等しく、向きが反対の力である。

応力は、物体の断面に働く単位面積当たりの力として定義される。応力の単位はパスカル［Pa］（$1Pa = 1N/m^2$）だが、その100万倍のメガパスカル［MPa］やニュートン毎平方ミリメートル［N/mm²］（$1MPa = 1N/mm^2$）が用いられることが多い。

$$\sigma = \frac{W}{A} \qquad \sigma：応力［MPa］\quad W：荷重［N］\quad A：断面積［mm^2］$$

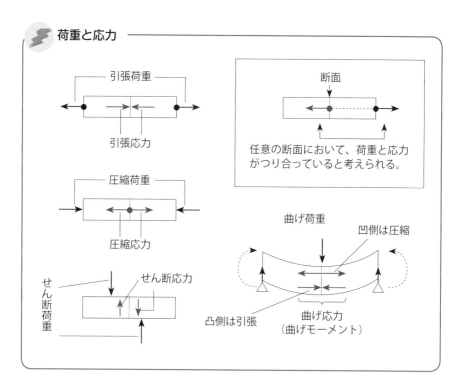

応力は単位面積当たりの力であるから、右図のように、同じ荷重がかかっていても、断面積の異なる部分があるときは、断面積が小さい部分のほうが応力の値は大きくなる。

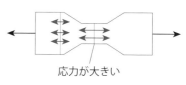

物体に外力が加わったときに、局所的に大きな応力が生じることを、応力集中という。応力集中は、物体の断面の形状が一様でなく、不規則になっている部分に生じる。応力が集中する部分の強度が十分でない場合、材料に過大な力が加わると、材料はその部分から破断しやすい。

材料が変形したり、腐食したりしているときは、その部分に応力が集中し、破断しやすくなる。

2. ひずみ

　物体に外力が加わって変形したときの変形の度合いを、ひずみという。ひずみは、変形量ともとの長さの比で表される。

$$\varepsilon = \frac{\lambda}{l} = \frac{l_0 - l}{l}$$

ε：ひずみ　λ：変形量
l_0：変形後の長さ　l：もとの長さ

3. 弾性とフックの法則

　ばねにおもりを吊るすとばねは伸びるが、おもりを取り去ると、ばねはもとの長さに戻る。このように、外力を加えられて変形した物体が、力を取り去るともとに戻る性質を弾性といい、弾性を示す物体を弾性体という。力を取り去ってももとに戻らない性質は塑性という。　ゴロ合わせ ➡ p.307

　物体が外力を加えられて変形するとき、変形がそれほど大きくない範囲においては、変形の度合いは加えられた力に比例する。この関係を、フックの法則という。正確には、「（変形に抵抗して物体の内部に生じる）応力が一定の値を超えない範囲において、ひずみは応力に比例する」と表現される。

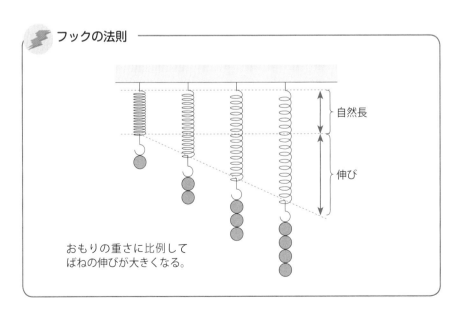

フックの法則

自然長

伸び

おもりの重さに比例して
ばねの伸びが大きくなる。

4. 応力－ひずみ線図

　機械、建築などの分野では、材料に荷重が加わったときに、内部に生じる応力によって材料がどのように変形するかを知ることがきわめて重要である。材料の強度を測定するために、引張試験、圧縮試験などが行われるが、それらの試験で得られる応力とひずみの関係を図示したものが、応力－ひずみ線図である（応力－ひずみ曲線ともいう）。

　引張試験では、加えられた引張荷重と、そのときの材料の変形量（伸び）が測定される。その値をそのまま用いて関係を図示したものを、荷重－伸び線図という。応力－ひずみ線図は、荷重を応力（荷重÷断面積）に、伸びをひずみ（伸び÷もとの長さ）に置き換えたものである。

　下図は、軟鋼（低炭素鋼）の引張試験により得られた測定値に基づく応力－ひずみ線図である。応力－ひずみ線図は材料によって異なり、その特徴から材料の力学的特性を知ることができる。

 応力－ひずみ線図（軟鋼）

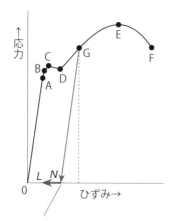

A：比例限度（応力とひずみが比例する限界。0～Aではフックの法則が成り立つ）

B：弾性限度（荷重を取り除くと伸びがもとに戻る限界）

C：上降伏点　} 応力が増加せずひずみだけが増加
D：下降伏点　}

E：限界強さ（材料が耐え得る最大の応力。引張り強さ）

F：破断

Bを過ぎると応力を除いてもひずみが残る。Gで荷重を取り除くと応力は0に、ひずみはNになるが、ひずみはその後徐々に減少し、最終的に永久ひずみLが残る。

5. 許容応力と安全率

材料を安全に使用できる範囲として許容し得る最大の応力を、許容応力という。許容応力は、材料の限界強さよりも十分に低く設定しなければならない（実際には弾性限度内にする必要がある）。限界強さと許容応力の比を、安全率という。

$$\text{安全率} = \frac{\text{限界強さ}^※}{\text{許容応力}} \qquad ※ 基準強さとして他の値が用いられることもある。$$

ポイントを 丸 暗記！

1 応力とは、荷重に応じて物体の内部に生じる抵抗力で、ある断面に働く<u>単位面積</u>当たりの力として表される。

応力の単位は<u>パスカル [Pa]</u>（$1Pa = 1N/m^2$）である。実用的には、メガパスカル [MPa] やニュートン毎平方ミリメートル [N/mm^2]（$1MPa = 1N/mm^2$）などが用いられる。

2 応力が一定の値を超えない範囲において、ひずみは<u>応力</u>に比例する。

荷重による変形に抵抗して物体の内部に生じる応力が一定の値（比例限度）を超えない範囲において、ひずみは<u>応力</u>に比例する。この関係を、<u>フックの法則</u>という。

3 安全率とは、<u>限界強さ</u>と許容応力の比である。

材料を安全に使用できる範囲として許容し得る最大の応力を、許容応力という。許容応力は、材料の<u>限界強さ</u>よりも十分に低く設定しなければならない。限界強さと許容応力の比を、安全率という。

圧力／ ボイル・シャルルの法則

ここが Point!

簡単な圧力の計算をできるようになろう。気体の性質に関するボイル・シャルルの法則を理解しよう。

基礎知識を押さえよう！

1. 圧力とは

　物体の表面、または内部の任意の面に向かって垂直に押しつける力を、圧力という。圧力の大きさは単位面積当たりに働く力として表される。圧力の単位はパスカル［Pa］（$1Pa = 1N/m^2$）である[※]。

※ 圧力は単位面積当たりの力なので、単位は応力（p.139 参照）と同じである。物体の内部に応力が生じている場合、応力の断面に垂直な成分が圧力である。

2. 圧力の計算（水圧を求める計算）

　右図のように容器に水が入っているとき、容器の底部に加わる圧力を計算してみる。静止している水の中にある任意の面（この場合は容器の底）に作用する圧力（静水圧）は、水面との距離、つまり深さに比例し、下記の式で求められる。

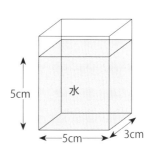

5cm

水

5cm 3cm

$$p = \rho gh \qquad p：静水圧［Pa］\quad \rho：水の密度（約 1,000kg/m^3）$$
$$g：重力加速度（約 9.8m/s^2）\quad h：深さ［m］$$

　この式の右辺にある ρg は、「$1m^3$ 当たりの水の重さ」（$1,000kgf/m^3 \fallingdotseq 9,800N/m^3$）に相当する。

前図の数値をこの式に当てはめると、以下のようになる。

$$p = 1,000 \,[\mathrm{kg/m^3}] \times 9.8 \,[\mathrm{m/s^2}] \times (5 \times 10^{-2}) \,[\mathrm{m}]$$
$$= 9,800 \,[\mathrm{N/m^3}] \times (5 \times 10^{-2}) \,[\mathrm{m}]$$
$$= 490 \,[\mathrm{N/m^2}] = 490 \,[\mathrm{Pa}]$$

よって、求める水圧は490Paである。

前図には、容器の底面の縦・横の長さも書かれているので、縦×横×高さ（深さ）により水の体積を求め、容器に入っている水全部の重さを計算してから底面積で割ってみたくなる。実際にそのように計算しても、結果は同じ値になる。

$$\frac{9,800 \,[\mathrm{N/m^3}] \times (5 \times 3 \times 5 \times 10^{-6}) \,[\mathrm{m^3}]}{(5 \times 3 \times 10^{-4}) \,[\mathrm{m^2}]} = 490 \,[\mathrm{N/m^2}]$$
$$= 490 \,[\mathrm{Pa}]$$

しかし、この式では、底面の縦・横の長さ（5 [cm] × 3 [cm]）が分母にも分子にも掛けられているので、これらは打ち消される。結局、底面積は無関係で、高さ（深さ）だけを考慮すればよかったことがわかる。

容器が図のような直方体でなく、どのような形をしていても、水深が同じならば水圧も同じである。また、同じ水深のところでは、上からも下からも、どの向きからも同じ大きさの水圧がかかっている。水の密度と重力加速度が一定だとすると、水圧の値は水深だけできまる。

なお、開放水面をもつ水の中で実際に加わる圧力は、上記の計算で求められた値に大気圧を加えたものとなる。

水深が深くなるほど水圧が高くなることは、スキューバダイビングをしたことのある人ならよく知っていますね。

ここで説明した静水圧に対して、動水圧という値もある。動水圧は、流水中の流れの向きに対して垂直な面に作用する圧力で、水の運動エネルギーに関係している。動水圧は、速度の2乗に比例する。

3. 気体の圧力

　気体も質量をもつ物質であるから、気体
に接するあらゆる面には、気体からの圧力
が加わっている。気体の中にある物体は、
すべての方向から気体の圧力を受ける。

標準大気圧 101,325Pa ＝ 1atm

　大気の圧力を大気圧、または単に気圧と
いう。標準大気圧は 101,325Pa と定めら
れており、この値を 1 気圧（1atm）ともいう。つまり、「気圧」という言
葉は圧力の単位のひとつにもなっている。

　標準大気圧は、平均海水面の平均気圧に基づいて定められたもので、地
表の大気圧もおおむねそれに近い値だが、気象条件により気圧の高い所と
気圧の低い所が生じる。また、標高が高くなるほど、気圧は低くなる。

> 気圧の単位としてよく使われているのは、パスカルの 100
> 倍のヘクトパスカル［hPa］で、標準大気圧は約 1,013hPa
> となる。ヘクトパスカルは、天気予報でおなじみだね。

4. ボイル・シャルルの法則

　右図のように、自由に動くピストンを
もつシリンダーの中に気体が密閉されて
いるとする。何も力を加えない状態では、
内部の気体の圧力は、外部の大気圧と同
じである（ピストンの重さは無視する）。

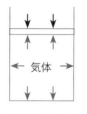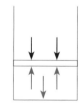

温度が一定のとき、圧力を 2 倍に
すると体積は 2 分の 1 になる。

　温度を一定に保ったまま、ピストンを
押し込んで圧力を 2 倍にすると、シリン
ダーの中の気体の体積は 2 分の 1 になる。体積が 2 分の 1 になるまでピ
ストンを押し込むと、圧力が最初の 2 倍になるともいえる。

　圧力を 3 倍にすると、体積は 3 分の 1 になる。つまり、一定温度にお
ける気体の体積は、圧力に反比例する。この関係を、ボイルの法則という。

（温度が一定のとき）$pV = $ 一定　　　p：圧力［Pa］　V：体積［m^3］

今度は、圧力を一定にしたまま（ピストンに力を加えない状態で）、シリンダーの中の気体を加熱していくとする。温度が上昇すると、気体の体積が増大するが、このとき、体積は気体の絶対温度に比例する。この関係を、シャルルの法則という。

$$（圧力が一定のとき）\frac{V}{T} = 一定 \qquad V：体積 [m^3] \quad T：絶対温度 [K]$$

ボイルの法則とシャルルの法則をまとめると、「一定質量の気体の体積は圧力に反比例し、絶対温度に比例する」となる。これを、ボイル・シャルルの法則という。

$$\frac{pV}{T} = 一定 \qquad p：圧力 [Pa] \quad V：体積 [m^3] \quad T：絶対温度 [K]$$

絶対温度とは、シャルルの法則などの熱力学の法則に基づいて定義された温度で、単位はケルビン [K] である。日常的に用いられているセルシウス温度（摂氏温度）の−273.15℃を0Kとし、温度の目盛りの幅はセルシウス温度と同じ、つまり、0℃ = 273.15K である。

ボイル・シャルルの法則は、高温、低圧の条件においてはよく成り立つが、極端な低温や高圧の状態では成り立たなくなる。ボイル・シャルルの法則に完全に従う仮想の気体を、理想気体という。理想気体の体積は、絶対温度0Kにおいて0になる（実際にはそのような気体はない）。

ゴロ合わせで覚えよう！

ボイル・シャルルの法則

圧力鍋が半開き！
（圧力に）（反比例）

肉は絶対にヒレ！
　　（絶対温度に比例）

➡一定質量の気体の体積は、圧力に反比例し、絶対温度に比例する（ボイル・シャルルの法則）。

1 物体の表面、または内部の任意の面に向かって垂直に押しつける力を、<u>圧力</u>という。

圧力の大きさは、単位面積当たりに働く力として表される。圧力の単位は<u>パスカル</u> [Pa]（1Pa = 1N/m²）である。

2 水圧（静水圧）は、水の密度、重力加速度、<u>深さ</u>の積に等しい。

静水圧を求める場合は、容器の形状や底面積を考慮する必要はなく、<u>深さ</u>だけを考慮すればよい。

3 一定質量の気体の体積は、<u>圧力</u>に反比例し、<u>絶対温度</u>に比例する。

気体の性質におけるこの関係を、<u>ボイル・シャルルの法則</u>といい、この法則が厳密に成り立つ仮想の気体を、理想気体という。

重要用語を覚えよう！

重力加速度

地上の物体に働く<u>重力</u>を物体の質量で割った量で、物体が自由落下するときの加速度に一致する。その値は緯度によって異なるが、標準重力加速度は9.80665m/s² と定められている。

重量キログラム

MKS 重力単位系における力、重さの単位。kgf または kgw と書く。1kgf は、標準重力加速度 9.80665m/s² の場所で質量 1kg の物体に働く<u>重力</u>の大きさで、SI 単位系の力の単位ニュートンに換算すると 1kgf = 9.80665N となる。

金属材料とその性質

基礎知識を押さえよう！

1. 金属の性質と合金

金属は、一般に常温で固体[※1]であり、比重が大きく[※2]、電気、熱の良導体で、展性[※3]や延性[※4]に富む。また、可鋳性（かちゅうせい）、可鍛性（かたんせい）があり、さまざまな形に加工しやすい。　　　　　　　　　　　　　　ゴロ合わせ ➡ p.308

金属がもつこのような性質は、工業材料として非常にすぐれている。単体の金属としても用いられるが、金属を他の金属と混合し、または金属に少量の非金属を添加した合金として利用されることが多い。合金にすることにより、もとの金属とは異なる物理的、化学的、機械的性質が与えられ、実用的価値が高くなるためである。

一般に、金属を合金にすることにより、以下のような性質が得られる。

• 硬度が増す。
• 可鋳性が増す（鋳造（ちゅうぞう）しやすくなる）。
• 電気、熱の伝導率は、成分金属の平均値よりやや低くなる。
• 鍛造はしにくくなり、可鍛性がなくなることもある。
• 融点は、一般に成分金属の平均値よりも低くなる。どの成分金属よりも融点が低くなることもある（例：はんだ）。
• 耐食性が著しく増し、さびにくく、酸にも侵されにくくなる。

※1 水銀は、常温で液体である唯一の金属である。
※2 例外として、リチウム、カリウム、ナトリウムは比重が1より小さい金属である。
※3 薄い箔（はく）に広げられる性質。
※4 引き伸ばされる性質。

2. 鉄鋼材料

ゴロ合わせ ➡ p.308

鉄鋼とは、鉄を主成分とする金属材料の総称で、主に以下のようなものがある。

①炭素鋼

0.02〜約2%の炭素を含有する鉄で、微量のケイ素（シリコン）、マンガン、リン、硫黄、銅などを含む。工業材料として一般に広く用いられており、普通鋼とも呼ばれる。

炭素鋼の性質は炭素量によって大きく左右される。炭素が多く含まれるほど硬くなり、引張り強さは増すが、もろくなる。炭素量が少ないものは、硬さ、引張り強さは減少するが、粘り強く、加工しやすい。

炭素鋼は、炭素含有量により以下のように分類される。

- 低炭素鋼：炭素含有量が約0.3%以下のもの
- 中炭素鋼：炭素含有量が約0.3〜0.7%のもの
- 高炭素鋼：炭素含有量が約0.7%以上のもの

炭素鋼は鋼（はがね）とも呼ばれる。刃物を造るための刃金という言葉がもとになっている。

②鋳鉄（ちゅうてつ）

炭素含有量が2.14〜6.67%、ケイ素が約1〜3%含まれるほか、マンガン等の不純物を含む。鋳鉄はもろく、引張り強さも弱いが、融点が低く、流動性がよいことから鋳造に適している。耐摩耗性、耐食性にもすぐれる。

鋳造用の鉄鋼材料で炭素含有量が2.14%未満のものは鋳鋼（ちゅうこう）と呼ばれ、鋳鉄では強度が不足する場合に用いられる。

③合金鋼

炭素鋼に他の合金元素を添加し、強度、耐食性、耐熱性等の性質を与えたもので、特殊鋼ともいう。加える元素により、マンガン鋼、ニッケル鋼、クロム鋼、クロムモリブデン鋼などがある。

ステンレス鋼は、耐食性にすぐれる合金鋼の総称で、クロム、またはクロムとニッケルを含む。

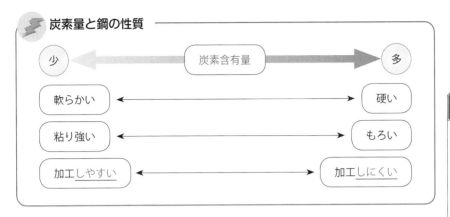

炭素量と鋼の性質

| 少 | ← | 炭素含有量 | → | 多 |

軟らかい	← →	硬い
粘り強い	← →	もろい
加工しやすい	← →	加工しにくい

3. 非鉄金属材料
ゴロ合わせ ➡ p.308

①銅・銅合金

　銅は、熱・電気の良導体で、展性、延性に富み加工しやすく、電線をはじめとする多くの用途に使用されている。純銅のほか、黄銅、青銅などの銅合金も広く用いられている。

- 黄銅：銅と亜鉛の合金で、真ちゅうとも呼ばれる。
- 青銅：銅とすずの合金。機械部品に用いられる砲金は青銅の一種。

②アルミニウム・アルミニウム合金

　アルミニウムは、比重が 2.7 と鉄の約 3 分の 1 しかなく、金属としては非常に軽い。導電率が高く、耐食性にすぐれ、加工もしやすいので、日用品をはじめ、電線、建築材料、アルミ缶など、さまざまな用途に用いられている。合金としての利用も多い。

　アルミニウム合金としては、ジュラルミンがよく知られている。アルミニウムに、銅、マグネシウム、マンガン等を加えたもので、航空機の構造体などに用いられている。

③その他の合金

- ニクロム：ニッケル、クロムを主体とする合金。電気抵抗が大きく、高温によく耐えるので、電熱線として広く用いられている。
- はんだ：すずと鉛の合金。融点が低く、金属の接合や電子部品の基板への固定（はんだ付け）に用いられる。

4. 金属の熱処理

　金属材料の性質を改善するために、加熱と冷却の操作を施すことを、熱処理という。熱処理は、主に炭素鋼に対して行われる。熱処理には、以下のような方法がある。

①焼入れ

　金属を高温に加熱してから、水、油などに入れて急激に冷却する操作。硬度を高めるために行う。

②焼戻し

　焼入れをした金属を、焼入れ温度より低い温度で再加熱し、冷却する操作。鋼を粘り強くするために行う。焼入れした鋼は硬いがもろいので、焼入れ後に焼戻しを行うことにより性質を調整する。

③焼なまし

　金属を加熱し、一定時間保持してから炉内で徐々に冷却する操作。焼鈍（しょうどん）ともいう。高温で行う完全焼なましと、比較的低温で行う応力除去焼なましがある。前者は、鋼を軟らかく、加工しやすくするために、後者は、加工等により内部に生じた残留応力を除去するために行う。

④焼ならし

　金属を加熱し、一定時間保持してから大気中で冷却する操作。焼準（しょうじゅん）ともいう。内部に生じた残留応力によるひずみを除去し、組織を均一にする効果がある。

　鋼の表面から炭素を浸み込ませて、焼入れ、焼戻しを行うことにより表面を硬化することを、浸炭（しんたん）という。炭素源として木炭を用いる固体浸炭、炭化水素系のガスを使用するガス浸炭などの方法がある。

5. 金属の表面処理

　金属の腐食防止、表面の硬化、潤滑、美観の保持などを目的として、金属の表面に処理を施すことを、表面処理という。表面処理の方法としては、めっき、塗装、ほうろう、グラスライニングなどがある。
　アルマイトは、アルミニウムの表面に、人工的に酸化被膜（ひまく）を作ったもので、耐食性にすぐれる。

ポイントを 暗記！

1 鋼は、炭素が多く含まれるほど<u>硬</u>くなる。

炭素鋼の性質は炭素量によって大きく左右される。炭素が多く含まれるほど硬くなり、引張り強さは<u>増す</u>が、もろくなる。炭素量が少ないものは、硬さ、引張り強さは<u>減少</u>するが、粘り強く、加工しやすい。

2 ステンレス鋼は、鉄と<u>クロム</u>、または鉄と<u>クロム</u>と<u>ニッケル</u>を含む合金である。

ステンレス鋼は、耐食性にすぐれる<u>合金鋼</u>の総称で、クロム、またはクロムとニッケルを含む。

3 焼入れは、金属を高温に加熱してから<u>急激に</u>冷却する操作で、硬度を高めるために行う。

焼入れした鋼は硬いがもろいので、通常は焼入れ後に焼戻しを行う。金属を加熱し、一定時間保持してから徐々に冷却する操作は、<u>焼なまし</u>という。高温で行う完全焼なましは、鋼を軟らかく、加工しやすくする効果がある。

重要用語を覚えよう！

可鋳性

溶かして型に流し込むことによりさまざまな形のものを作れること。そのような加工を鋳造といい、製品を鋳物（いもの）という。

可鍛性

ハンマーやプレスなどで叩いて成形することができること。そのような加工を鍛造（たんぞう）という。展性と同じような意味である。

練習問題にチャレンジ！

問 題 ▶解答と解説は p.159～162

問題 01

物体に働く 2 つの力がつり合うための条件として、正しいものは次のうちどれか。

1 力の大きさが等しく、力の向きが同じで、作用線が同一である。
2 力の大きさが等しく、力の向きが反対で、作用線が同一である。
3 力の大きさが等しく、力の向きが同じで、力の働く時間が等しい。
4 力の大きさが等しく、力の向きが反対で、力の働く時間が等しい。

➡ Lesson 01

問題 02

下図の点 A に働く力 F_1 は、点 O を中心に物体を左回りに回転させようとするが、点 B に働く力 F_2 は、点 O を中心に物体を右回りに回転させようとする。2 つの力のモーメントがつり合っているとして、F_1 の大きさを 30N とすると、F_2 の大きさは次のうちどれか。

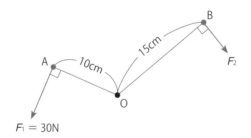

1 15N
2 20N
3 40N
4 45N

➡ Lesson 02

154

問題03

　物体に一定の力を加えて、力の向きにある距離だけ動かしたとき、その力は物体に何をしたというか。次のうちから正しいものを選べ。

1　運動
2　変位
3　仕事
4　荷重

➡ Lesson 03

問題04

　仕事率の説明として、正しいものは次のうちのどれか。

1　仕事率とは、物体が力の作用により移動したときの、移動方向への力の成分と移動距離との積で、単位はジュール［J］である。
2　仕事率とは、1kg の物質の温度を 1K（1℃）上昇させるために必要な熱量で、単位はジュール毎キログラム毎ケルビン［J/（kg・K）］である。
3　仕事率とは、単位時間当たりの速度の変化率で、単位はメートル毎秒毎秒［m/s²］である。
4　仕事率とは、単位時間当たりになされる仕事の量で、単位はワット［W］である。

➡ Lesson 03

問題05

　水平面上に置かれた重量 200N の物体を水平方向に動かすときに生じる最大静止摩擦力の値として、正しいものは次のうちどれか。ただし、摩擦係数は 0.4、物体と平面の接触面の面積は 50cm² とする。

1　20N
2　40N
3　80N
4　160N

➡ Lesson 03

蓄圧式消火器の本体容器に加わる荷重について、正しいものは次のうちどれか。

1 本体容器には、主に引張荷重が加わっている。
2 本体容器には、主に圧縮荷重が加わっている。
3 本体容器には、主にせん断荷重が加わっている。
4 本体容器には、主に曲げ荷重が加わっている。

➡ Lesson 04

棒状の材料に 12 キロニュートン［kN］の引張荷重が作用したときに、断面積 400mm^2 の荷重に対して垂直な断面に生じる引張応力の値として、正しいものは次のうちどれか。

1 0.3N/mm^2
2 3N/mm^2
3 4.8N/mm^2
4 30N/mm^2

➡ Lesson 04

長さ 100mm の材料が外力により 0.1mm 伸ばされたときのひずみの値として、正しいものは次のうちどれか。

1 0.01
2 0.001
3 1.01
4 1.001

➡ Lesson 04

問題 09

フックの法則の説明として、正しいものは次のうちどれか。

1　応力が一定の値を超えない範囲において、ひずみは応力に比例する。
2　応力が一定の値を超えない範囲において、ひずみは応力に反比例する。
3　応力が一定の値を超えない範囲において、ひずみは応力の 2 乗に比例する。
4　応力が一定の値を超えると、ひずみは応力に比例する。

➡ Lesson 04

問題 10

安全率を表す式として、正しいものは次のうちどれか。

1　安全率 ＝ 弾性限度／許容応力
2　安全率 ＝ 許容応力／限界強さ
3　安全率 ＝ 比例限度／許容応力
4　安全率 ＝ 限界強さ／許容応力

➡ Lesson 04

問題 11

一定質量の気体の絶対温度を 1.2 倍にし、圧力を 2 倍にしたとき、気体の体積は何倍になるか。ただし、気体はボイル・シャルルの法則に完全に従うものとする。

1　0.3 倍
2　0.6 倍
3　$\dfrac{5}{3}$ 倍
4　2.4 倍

➡ Lesson 05

炭素鋼の性質として、誤っているものは次のうちどれか。

1　炭素量が多いほど、硬くなる。
2　炭素量が多いほど、引張り強さが増す。
3　炭素量が多いほど、粘り強くなる。
4　炭素量が多いほど、もろくなる。

➡ Lesson 06

金属の性質に関する記述として、正しいものは次のうちどれか。

1　可鋳性とは、引張応力によって破壊されにくく、引き伸ばされる性質のことである。
2　展性とは、圧力や打撃によって破壊されず、薄い箔のように平面的に広げられる性質のことである。
3　延性とは、溶かして型に流し込むことによりさまざまな形のものを作れるような性質のことである。
4　耐食性とは、電気や熱を伝えやすい性質のことである。

➡ Lesson 06

金属の熱処理に関する記述として、正しいものは次のうちどれか。

1　焼入れとは、金属を高温に加熱してから、徐々に冷却する操作である。鋼の硬度を高めるために行う。
2　焼戻しとは、焼入れをした金属を、焼入れ温度より低い温度で再加熱し、冷却する操作である。鋼を粘り強くするために行う。
3　焼なましとは、金属を加熱し、一定時間保持してから大気中で冷却する操作である。
4　焼ならしとは、金属を加熱し、一定時間保持してから炉内で徐々に冷却する操作である。

➡ Lesson 06

解答と解説　　▶問題は p.154〜158

問題 01　正解　2

物体に働く 2 つの力がつり合うのは、①力の大きさが等しい、②力の向きが反対、③作用線が同一である、という 3 つの条件が成り立っているときである。このとき、2 つの力の合力は 0 になっている。

➡ 間違えた人は、Lesson 01 を復習しよう。

問題 02　正解　2

F_1 により点 O のまわりに生じる左回りのモーメントを M_1（正の値）とし、F_2 により点 O のまわりに生じる右回りのモーメントを M_2（負の値）とすると、2 つの力のモーメントはつり合っているので、$M_1 + M_2 = 0$ である。F_1 の値がわかっているので、M_1 は次のように求められる。

$M_1 = F_1$ の大きさ× OA の長さ= 30 ［N］× 0.1 ［m］= 3 ［N・m］

したがって、M_2 は− 3N・m となるが、ここでは F_2 の大きさを求める（向きは問題にしない）ので、−の符号は取ってかまわない。F_2 は次のように求められる。

$F_2 = 3$ ［N・m］÷ 0.15 ［m］= 20 ［N］

➡ 間違えた人は、Lesson 02 を復習しよう。

問題 03　正解　3

物体に一定の力を加えて、力の向きにある距離だけ動かしたとき、その力は物体に仕事をしたという。

➡ 間違えた人は、Lesson 03 を復習しよう。

問題 04　正解　4

1　×　選択肢の文は、仕事の説明になっている。
2　×　選択肢の文は、比熱の説明になっている。
3　×　選択肢の文は、加速度の説明になっている。
4　○　選択肢の文は、仕事率の正しい説明である。

➡ 間違えた人は、Lesson 03 を復習しよう。

問題 05 　正解　3

　最大静止摩擦力の大きさは垂直抗力に比例し、その比例定数が摩擦係数（静止摩擦係数）である。この場合は、物体が水平面上に置かれているので、物体の<u>重量＝垂直抗力</u>であり、最大静止摩擦力は、以下のように求められる。

　0.4 × 200 ［N］ = <u>80</u> ［N］

　なお、<u>接触面の面積</u>は、摩擦力の大きさにはほとんど関係しない。

➡ 間違えた人は、Lesson 03 を復習しよう。

問題 06 　正解　1

　蓄圧式消火器の本体容器には、主に<u>引張</u>荷重が加わっている。

➡ 間違えた人は、Lesson 04 を復習しよう。

問題 07 　正解　4

　応力は、荷重に応じて物体の内部に生じる抵抗力で、物体の断面に働く<u>単位面積当たりの力</u>として表される。したがって、問題文の材料の断面に生じる応力は、以下のように求められる。

$$\sigma \text{（応力）} = \frac{12 \text{［kN］}}{400 \text{［mm}^2\text{］}} = \frac{12000 \text{［N］}}{400 \text{［mm}^2\text{］}} = \underline{30} \text{［N/mm}^2\text{］}$$

➡ 間違えた人は、Lesson 04 を復習しよう。

問題 08 　正解　2

　ひずみは、<u>変形量</u>ともとの長さの比で表される。問題文のひずみの値は、以下のように求められる。

$$\varepsilon \text{（ひずみ）} = \frac{0.1 \text{［mm］}}{100 \text{［mm］}} = \underline{0.001}$$

➡ 間違えた人は、Lesson 04 を復習しよう。

問題 09 　正解　1

　フックの法則は、「応力が一定の値を超えない範囲において、ひずみは<u>応力</u>に比例する」と表現される。フックの法則が成り立つ範囲における最大の応力値を、<u>比例限度</u>という。

➡ 間違えた人は、Lesson 04 を復習しよう。

問題 10　正解 4

安全率とは、限界強さと許容応力の比（限界強さ／許容応力）である。

許容応力は、機械や構造物の材料が、破壊したり変形したりせずに、安全に使用できる範囲として許容し得る最大の応力である。限界強さは、材料が耐え得る最大の応力である。許容応力は、材料の限界強さよりも十分に低く設定しておく必要がある。

➡ 間違えた人は、Lesson 04 を復習しよう。

問題 11　正解 2

ボイル・シャルルの法則によると、一定質量の気体の体積は絶対温度に比例し、圧力に反比例する。圧力を p、体積を V、絶対温度を T とすると、$\dfrac{pV}{T}$ は一定である。問題文の例において、もとの体積を 1 とし、絶対温度を 1.2 倍に、圧力を 2 倍にしたときの体積を V' とすると、V' は次のように求められる。

$$V' = \frac{1.2}{2} = 0.6$$

➡ 間違えた人は、Lesson 05 を復習しよう。

問題 12　正解 3

炭素鋼は、炭素量が多いほど硬くなり、引張り強さは増すが、もろくなる。炭素量が少ないものは、硬さ、引張り強さは減少するが、粘り強く、加工しやすくなる。

➡ 間違えた人は、Lesson 06 を復習しよう。

問題 13　正解 2

1　× 可鋳性とは、溶かして型に流し込むことによりさまざまな形のものを作れるような性質のことである。そのような加工技術を、鋳造という。

2　○ 展性とは、圧力や打撃によって破壊されず、薄い箔のように平面的に広げられる性質のことである。可鍛性も同じような意味である。

3　× 延性とは、引張応力によって破壊されにくく、引き伸ばされる性質のことである。

4　× 耐食性とは、腐食しにくい性質のことである。

➡ 間違えた人は、Lesson 06 を復習しよう。

問題 14 　**正解　2**

1　×　焼入れとは、金属を高温に加熱してから、急激に冷却する操作である。鋼の硬度を高めるために行う。

2　○　焼戻しとは、焼入れをした金属を、焼入れ温度より低い温度で再加熱し、冷却する操作である。焼入れした鋼は硬いがもろいので、焼入れ後に焼戻しを行うことにより性質を調整し、鋼を粘り強くする。

3　×　焼なましとは、金属を加熱し、一定時間保持してから炉内で徐々に冷却する操作である。選択肢の文は、焼ならしの説明になっている。

4　×　焼ならしとは、金属を加熱し、一定時間保持してから大気中で冷却する操作である。選択肢の文は、焼なましの説明になっている。

➡ 間違えた人は、Lesson 06 を復習しよう。

4章
消火器の構造・機能・整備

まず、これだけ覚えよう！

①燃焼の三要素

　燃焼とは、物質が酸素と化合する酸化反応が、発光と発熱を伴って起きる現象である。燃焼が起きるためには、可燃物、熱源（点火源）、酸素の3つが同時に存在することが必要であり、これらを、燃焼の三要素という。これらに「燃焼の継続」を加えて、燃焼の四要素とすることもある。

②燃焼と消火

　燃焼の三要素（または四要素）のうちのどれかが欠けると燃焼は起こらない（継続しない）のだから、燃焼を止めるためには、いずれかの要素を取り除いてしまえばよい。これが、消火理論の基本である。

　すなわち、消火の方法は、①可燃物を取り除く（除去消火）、②熱を下げる（冷却消火）、③酸素の供給を断つ（窒息消火）の3通りで、これらを、消火の三要素という。これに、酸化反応を化学的に抑制して燃焼の連鎖反応を弱める抑制作用（負触媒作用ともいう）を含めると、四要素になる。

　消火器の消火作用は、これらのうち、除去消火以外のいずれかに当てはまる。消火器に充てんされている消火薬剤の種類と適応火災の種類によって、消火器は、冷却作用、窒息作用、抑制作用（負触媒作用）のうちのいずれか（あるいはいくつか）による消火性能を発揮する。

　それぞれの消火器や消火薬剤にどのような消火作用があるのかは、この章の各レッスンでくわしく説明するよ。

燃焼

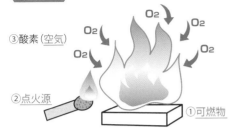

③酸素(空気)

②点火源

①可燃物

O₂ O₂ O₂ O₂ O₂

■燃焼の三要素(四要素)
① 燃えるもの(可燃物)
② 熱源(点火源)
③ 酸素(空気)
④ 燃焼の継続(連鎖反応)

消火

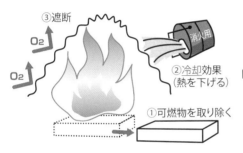

③遮断

O₂ O₂

②冷却効果
(熱を下げる)

消火用

①可燃物を取り除く

■消火の三要素(四要素)
① 除去消火(可燃物の除去)
② 冷却消火(熱を下げる)
③ 窒息消火(酸素を遮断)
④ 抑制作用(連鎖反応を断つ)

③火災の種類と消火器具の適応性

　実際の消火にあたっては、どのようなものが燃えていて、周囲にどのようなものがあるのかを判断することが重要で、その状況により、適切な消火方法や、使用できる消火器具が異なる。

　火災は、一般的に、A火災(普通火災)、B火災(油火災)、C火災(電気火災)に分類されている。この分類は、消火器具の適応性に関する説明によく出てくるのでしっかり覚えておこう(適応性はp.106、消火器の適応火災表示についてはp.248参照)。

消火器の種類

Lesson
01

基礎知識を押さえよう！

1. 消火薬剤による分類

　消火器とは、容器内に充てんされた水その他消火薬剤を圧力により放射して消火を行う器具で、人が操作するものをいう。消火器は、火災の初期消火に用いる。充てんされている消火薬剤によって、消火器は以下のように分類される。

- 水消火器
- 強化液消火器
- 泡消火器（化学泡消火器・機械泡消火器）
- ハロゲン化物消火器
- 二酸化炭素消火器
- 粉末消火器

　このほかに、すでに製造されていないものとして酸アルカリ消火器があるが、本書では割愛する。

　ハロゲン化物消火器も現在は製造されていないが、使用が禁止されているわけではなく、継続して設置されている場所がある。

　それぞれの消火器の特徴については、Lesson 02 以降でくわしく説明するよ。

2. 加圧方式による分類

　消火器の加圧方式には、蓄圧式と加圧式があり、加圧式は、さらにガス加圧式と反応式に分かれる。

①蓄圧式

　本体容器内に、消火薬剤とともに、あらかじめ圧縮された空気、窒素ガス等を充てんしておき、その圧縮ガスの圧力により消火薬剤を放射するものをいう。また、消火薬剤そのものが圧力源となるものもある。後者に当てはまるのは、二酸化炭素消火器と、ハロゲン化物消火器の一部である。

　蓄圧式消火器は、本体容器内に常に圧力が加わっているので、容器内の圧力が適正に保たれているかどうかを容易に確認できるようにするために、指示圧力計（p.190 参照）を設けることが義務づけられている（二酸化炭素消火器・ハロン 1301 消火器を除く※）。

　化学泡消火器を除く消火器には、蓄圧式のものがある。

※ 二酸化炭素消火器とハロン 1301 消火器に指示圧力計の取付けが義務づけられていないのは、これらの消火器の充てん圧力が、指示圧力計の許容最大値よりも高いためである。

②ガス加圧式

　本体容器の内部または外部に、二酸化炭素または窒素ガスを充てんした加圧用ガス容器を有する消火器で、使用時に、加圧用ガス容器の封板を破ってガスを本体容器内に導入し、その圧力により消火薬剤を放射するものをいう。

　ガス加圧式の場合、本体容器に圧力が加わるのは使用時のみなので、指示圧力計は取り付けられていない。

　強化液消火器、機械泡消火器、粉末消火器に、ガス加圧式のものがある。

③反応式

　本体容器（外筒）内に内筒を設け、一方に酸性、一方にアルカリ性の薬剤を充てんしておき、使用時に両者を混合し反応させることにより圧力を発生させ、消火薬剤を放射するものをいう（p.173 ～ 174 参照）。

　現在製造されている消火器では、反応式のものは化学泡消火器のみである。

3. 運搬方式による分類

消火器の運搬方式による分類は、以下のとおりである。

- 手さげ式：手に下げた状態で使用するものをいう。
- 据置式：床面上に据え置いた状態でノズル部分を持ち、ホースを延長して使用するものをいう（車輪を有するものは除く）。
- 背負式：背負ひも等により、背負って使用するものをいう。
- 車載式：運搬のための車輪を有するものをいう。

車載式は、自動車に積載するという意味ではないので注意しよう。

　消火器は、消火薬剤が火元に届く位置まで運搬し、またはホースを延ばすことにより、容易に使用できるものでなければならない。そのため、運搬方式は重量に応じて規定されており、保持装置、背負ひも、車輪を除く部分の質量が 28kg を超えるものは手さげ式以外の方式に、35kg を超えるものは車載式にしなければならない（p.242 参照）。大型消火器はすべて車載式であるが、小型消火器にも車載式のものがある（大型消火器の定義は p.240 〜 241 参照）。

ポイントを丸暗記！

1 消火器の加圧方式には、蓄圧式と加圧式がある。

加圧式は、さらにガス加圧式と反応式に分かれる。

2 化学泡消火器を除く消火器には、蓄圧式のものがある。

強化液消火器、機械泡消火器、粉末消火器に、ガス加圧式のものがある。反応式の消火器は、化学泡消火器のみである。

3 二酸化炭素消火器、ハロン1301消火器を除く蓄圧式の消火器には、指示圧力計の取付けが義務づけられている。

蓄圧式消火器は、本体容器内に常に圧力が加わっているので、容器内の圧力が適正に保たれているかどうかを確認するために、指示圧力計を設けることが義務づけられている（二酸化炭素消火器・ハロン1301消火器を除く）。

⚠ こんな選択肢に注意！

二酸化炭素消火器には、指示圧力計を~~設けなければならない~~。

指示圧力計を設けることが義務づけられているのは、二酸化炭素消火器、ハロン1301消火器を除く蓄圧式の消火器である。

泡消火器は、~~反応式のみ~~である。

泡消火器のうち、化学泡消火器は反応式である。機械泡消火器には、蓄圧式のものとガス加圧式のものがある。

消火器の構造と機能①
〈水消火器・強化液消火器〉

Lesson 02

ここがPoint!

強化液消火器の適応火災と消火作用を覚えよう。蓄圧式消火器の基本的なしくみを理解しよう。

基礎知識を押さえよう！

1. 水消火器（蓄圧式）

ゴロ合わせ ➡ p.309

消火剤：水（浸潤剤等を添加したもの）
適応火災：A火災、C火災（C火災は霧状放射の場合のみ）
主な消火作用：冷却作用
使用温度範囲：0℃〜40℃（純水ベースのもの）
使用圧力範囲：0.7MPa〜0.98MPa

　水は、蒸発熱（蒸発に必要な熱量）が大きいので、熱源から熱を奪う冷却作用が強い。現在製造されている水消火器は、純水をベースとし、浸潤剤等の薬剤を加えて消火性能を高めたものである。

　水消火器は蓄圧式のみで、加圧式のものはない。構造は、蓄圧式の強化液消火器とほぼ同じである。

2. 強化液消火器（蓄圧式・ガス加圧式）

消火剤：強化液消火薬剤（強アルカリ性のものと中性のものがある）
適応火災：A火災、B火災、C火災（B、C火災は霧状放射の場合のみ）
主な消火作用：冷却作用、抑制作用
使用温度範囲：−20℃〜40℃（据置式は−10℃〜40℃）
使用圧力範囲（蓄圧式）：0.7MPa〜0.98MPa

　強化液消火薬剤には、強アルカリ性のものと中性のものの2種類がある。

　強アルカリ性の強化液消火薬剤は、炭酸カリウム等の濃厚な水溶液で、水による冷却作用のほか、アルカリ金属イオンによる抑制作用（負触媒作用）がある。中性の強化液消火薬剤は、アルカリ金属塩類等を主成分とし、リン酸化合物、フッ素系界面活性剤等を配合した水溶液で、冷却作用、抑制作用がある。強アルカリ性のもの、中性のものともに、消火薬剤の凝固点は－20℃以下となっており、使用温度範囲の下限が－20℃に拡大されているので、寒冷地での使用にも適している。

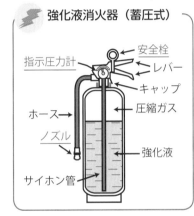

強化液消火器（蓄圧式）

　蓄圧式の強化液消火器の構造は、右図のようになっている。本体容器は、鋼板製またはステンレス鋼板製で、特例として樹脂製のものもある。

　本体容器内に、圧縮空気または窒素ガスとともに消火薬剤が充てんされており、使用時にレバーを握るとバルブが押し下げられて開き、消火薬剤がサイホン管からホースを通ってノズルから放射される。ノズルは霧状放射用で、先端が細い。レバーを放すとバルブが閉じ、放射は停止する。このような機構を、開閉バルブ式という。

　蓄圧式の強化液消火器には、上図の手さげ式のほか、車載式、据置式のものがある。

　蓄圧式の消火器の基本的なしくみは、他の種類でもだいたい同じなので、ここでしっかり理解しておこう。

　ガス加圧式の強化液消火器は、一部の大型消火器に採用されている。鋼板製の本体容器に消火薬剤が充てんされ、加圧用ガス容器は、本体容器の外部に取り付けられている。加圧用ガスには、二酸化炭素が用いられている。使用時は、加圧用ガス容器のバルブを開き、本体容器内にガスを導入して消火薬剤を放射する。ノズルは開閉式で、ノズルレバーの操作により放射・放射停止ができる。棒状放射・霧状放射の切替えができる。

ポイントを 暗記！

1 強化液消火器（霧状に放射するもの）は、A 火災、B 火災、C 火災すべてに適応する。

蓄圧式の強化液消火器のノズルは霧状放射用である。ガス加圧式の強化液消火器のノズルは、棒状放射・霧状放射の切替えができる。

2 強化液消火器の消火作用は、冷却作用と抑制作用である。

強アルカリ性の強化液消火薬剤は、炭酸カリウム等の濃厚な水溶液で、水による冷却作用のほか、アルカリ金属イオンによる抑制作用がある。中性の強化液消火薬剤にも、冷却作用、抑制作用がある。

3 強化液消火器は、消火薬剤の凝固点が低く、寒冷地での使用にも適する。

強アルカリ性の消火薬剤、中性の消火薬剤ともに、凝固点は− 20℃以下と低く、使用温度範囲の下限が− 20℃に拡大されているので、寒冷地での使用にも適している。

重要用語を覚えよう！

浸潤剤

水の表面張力を低下させる界面活性剤で、木材等に浸透して消火作用を高める働きをする。

負触媒

化学反応の前後でそのもの自体は変化しないが、反応速度に大きな影響を与える物質を触媒といい、そのうち、反応速度を遅くするものを負触媒という。

消火器の構造と機能②
〈泡消火器〉

Lesson 03

ここが Point!

泡消火器の適応火災と消火作用を覚えよう。化学泡消火器、機械泡消火器のしくみの違いを理解しよう。

基礎知識を押さえよう！

泡消火器は、多量の泡を放射して火元を覆うことにより酸素の供給を断つ窒息作用と、水による冷却作用をもつ消火器で、泡を発生させるしくみの違いにより、化学泡消火器と機械泡消火器に分けられる。

電気が泡を伝って感電するおそれがあるので、泡消火器は、電気火災（C火災）には適応しない。

1. 化学泡消火器（反応式）

消火剤：外筒用薬剤（A剤）は炭酸水素ナトリウム等の水溶液、内筒用薬剤（B剤）は硫酸アルミニウムの水溶液
適応火災：A火災、B火災
主な消火作用：窒息作用、冷却作用
使用温度範囲：5℃〜40℃

化学泡消火器は、鋼板製の本体容器（外筒）の内部にポリエチレン等の合成樹脂製の内筒が取り付けられており、使用時には、容器を転倒して内筒と外筒の薬剤を反応させ、泡が発生するしくみになっている。

外筒用の消火薬剤（A剤）は、炭酸水素ナトリウムを主成分とし、起泡剤、安定剤等を加えた粉末で、内筒用の消火薬剤（B剤）は、硫酸アルミニウムの粉末である。これらを水に溶解し、それぞれ、外筒と内筒に充てんする。使用時には、アルカリ性のA剤と酸性のB剤が混合されて反応し、二酸化炭素を含む多量の泡が発生して、ノズルから放射される。

転倒式の化学泡消火器は、本体容器を単に転倒させることにより、内筒のふたが落下し、両液が混合する。破蓋転倒式の化学泡消火器は、内筒が鉛封板等により密封され、単に転倒させるだけでは両液が混合しないようになっている。使用時には、キャップに取り付けられた押し金具を押し、カッターで封板を破ってから転倒させる。

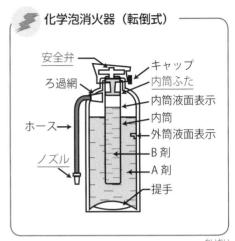

化学泡消火器（転倒式）

安全弁
ろ過網
ホース→
ノズル

キャップ
内筒ふた
内筒液面表示
内筒
外筒液面表示
B剤
A剤
提手

　このほかに、ハンドルを回して内筒のふたを開いてから転倒させる開蓋（かいがい）転倒式があり、大型消火器に採用されている。

　化学泡消火器には、内筒、外筒それぞれに、薬剤の量が適正であることの目印となる液面表示が設けられている。また、異物によるノズルの詰まりを防止するために、ろ過網が取り付けられていることも、この消火器の特徴となっている。

　化学泡消火器のキャップの上部には、容器内の圧力が異常に上昇したときに、圧力を排出するための安全弁が取り付けられている（安全弁は、二酸化炭素消火器、ハロン1301消火器にも取り付けられている）。

　化学泡消火器は、放射のしくみが化学反応によるものなので、反応速度が低下する低温の状態では性能が劣化する。そのため、使用温度範囲の下限が5℃と、他の消火器よりも高くなっている。

化学泡消火器の消火薬剤の水溶液は経年劣化するので、定期的に詰め替える必要がある。

化学泡消火器は、加圧方式が反応式であることや、ろ過網が取り付けられていること、使用温度範囲がやや狭いことなど、他の消火器とは異なる点が多いですね。

174

2. 機械泡消火器（蓄圧式・ガス加圧式）

> 消火剤：水成膜泡、合成界面活性剤泡等の希釈水溶液
>
> 適応火災：A火災、B火災
>
> 主な消火作用：窒息作用、冷却作用
>
> 使用温度範囲：− 10℃〜 40℃または− 20℃〜 40℃
>
> 使用圧力範囲（蓄圧式）：0.7MPa 〜 0.98MPa

　機械泡消火器には、泡立ちやすい性質をもつ水溶液の消火薬剤が充てんされており、消火薬剤がノズルから放射される際に空気を吸入して発泡するしくみになっている。

　機械泡消火器のノズルは発泡ノズルといい、ノズルの基部に空気吸入孔があり、根元の部分が太くなっている。発泡ノズルは、機械泡消火器特有の部品であり、この消火器の外見的特徴にもなっている。

　蓄圧式の機械泡消火器は、鋼板製、またはステンレス鋼板製の本体容器に、圧縮空気または窒素ガスとともに消火薬剤が充てんされているものである。開閉バルブ式で、ノズルを除く部分の構造は、蓄圧式の強化液消火器（p.170 〜 171 参照）と同じである。車載式のものもある。

　ガス加圧式の機械泡消火器は、大型消火器に採用されている。加圧用ガス容器は、本体容器の外部に取り付けられており、加圧用ガスには、二酸化炭素または窒素ガスが用いられている。ノズルは開閉式である。

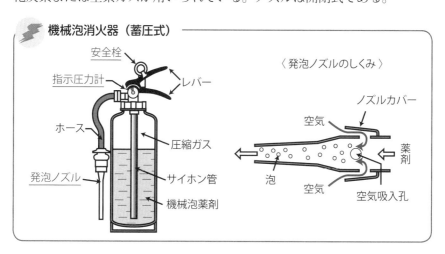

機械泡消火器（蓄圧式）

安全栓　指示圧力計　レバー　ホース　発泡ノズル　圧縮ガス　サイホン管　機械泡薬剤

〈発泡ノズルのしくみ〉

ノズルカバー　空気　薬剤　泡　空気　空気吸入孔

ポイントを丸暗記！

1 泡消火器は、電気火災（C 火災）には適応しない。

電気が泡を伝って感電するおそれがあるので、泡消火器は、電気火災（C 火災）には適応しない。

2 泡消火器の消火作用は、窒息作用と冷却作用である。

泡消火器は、多量の泡を放射して火元を覆うことにより酸素の供給を断つ窒息作用と、水による冷却作用をもつ。

3 化学泡消火器は、低温の状態では性能が劣化する。

化学泡消火器は、放射のしくみが化学反応によるものなので、反応速度が低下する低温の状態では性能が劣化する。そのため、使用温度範囲の下限が 5℃と、他の消火器よりも高くなっている。

消火器の構造と機能③
〈二酸化炭素消火器・ハロゲン化物消火器〉

Lesson 04

ここが Point!

二酸化炭素消火器の特徴を理解し、長所と欠点を押さえ
ておこう。容器の塗色は必ず覚えよう。

基礎知識を押さえよう！

1. 二酸化炭素消火器（蓄圧式）

ゴロ合わせ ➡ p.309

> 消火剤：二酸化炭素（液化炭酸ガス）
> 適応火災：B 火災、C 火災
> 主な消火作用：窒息作用
> 使用温度範囲：－30℃〜40℃

　二酸化炭素消火器は、鋼製またはアルミニウム製の高圧ガス容器に、高
圧で液化した二酸化炭素（液化炭酸ガス）※を充てんした消火器である。
本体容器は、高圧ガス保安法による規制の対象となるので、同法に基づく
耐圧試験に合格したものでなければならない。安全弁の装着も義務づけら
れている。

　高圧ガス保安法の規定により、二酸化炭素消火器の本体容器の塗色は、
表面積の2分の1以上を緑色にしなければならない。消火器の規格により、
消火器の外面の25%以上を赤色にするよう定められているので、二酸化
炭素消火器の本体容器は、緑色と赤色に塗り分けられている。

※ 二酸化炭素は常圧では液体にはならず、固体の二酸化炭素（ドライアイス）は液体
　の状態を経ずに気化する。高圧条件下では、二酸化炭素は常温でも液化する。

　外面が緑色と赤色に塗られているなら、他の消火器と見分
けるのも簡単ですね。

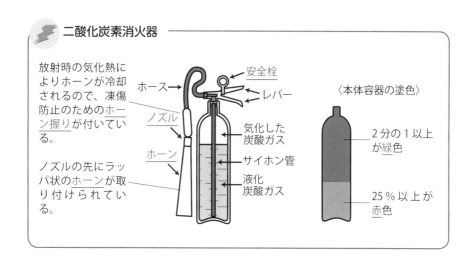

二酸化炭素消火器

放射時の気化熱によりホーンが冷却されるので、凍傷防止のための<u>ホーン握り</u>が付いている。

ノズルの先にラッパ状の<u>ホーン</u>が取り付けられている。

ホース
ノズル
ホーン

安全栓
レバー

気化した炭酸ガス
サイホン管
液化炭酸ガス

〈本体容器の塗色〉

2分の1以上が<u>緑色</u>

25％以上が<u>赤色</u>

　二酸化炭素消火器は、消火剤である二酸化炭素自身が放射のための圧力源にもなっており、レバーを握ると、ノズルから、気化した二酸化炭素と粉末状のドライアイスが放射される※。レバーを放すと放射停止ができる開閉バルブ式となっている。

※ 放射された液化炭酸ガスは気化するが、その蒸発熱により低温になり、一部は固体のドライアイスになる。二酸化炭素の常圧での凝固点は－78.5℃なので、ドライアイスもまもなく気化する。

　消火作用は、二酸化炭素による窒息作用である。放射された二酸化炭素は最終的にすべて気化し、消火器を使用した跡が汚れたり濡れたりしないので、高価な機器や美術品などがあり、汚損による被害が重大になる場所に設置されることが多い。絶縁性が高く、電気設備の火災にも適している。二酸化炭素は、経年による変質のおそれがないことも利点のひとつである。

　一方、換気の悪い閉所で使用すると酸欠状態になるおそれがあり、地下街等への設置は禁止されている（p.111 参照）。また、高圧に耐えるために容器が肉厚になっているため、同程度の大きさの他の消火器とくらべると重い。また、高温になる場所に設置すると、ガス漏れのおそれがある。

　二酸化炭素消火器には、車載式のものもある。大型消火器となるのは消火剤の質量 50kg 以上のもので、車載式でも大型消火器でないものがある。

2. ハロン1301消火器（蓄圧式）

> 消火剤：ハロン1301（ブロモトリフルオロメタン）
> 適応火災：B火災、C火災
> 主な消火作用：窒息作用、抑制作用
> 使用温度範囲：－30℃〜40℃

　ハロン1301消火器を含むハロゲン化物消火器は、以前はよく利用されていたが、オゾン層の保護を目的とする規制の対象となったために、1994（平成6）年以降は製造されていない。使用を禁止されているわけではなく、使用を抑制する取組みを実施しつつ、回収・再利用を促進することにより、他の消火器による代替が困難な施設等において継続的に使用されている。なかでも、他のハロゲン化物にくらべて毒性の低いハロン1301を消火薬剤とする消火器は、現在も設置されている例が多い。

　ハロン1301消火器は、二酸化炭素消火器と同様に、常温・常圧において気体である物質（ハロン1301：ブロモトリフルオロメタン）を高圧で液化し、高圧ガス容器に充てんしたものであり、本体容器は、高圧ガス保安法の適用を受ける。安全弁の装着も義務づけられている。

　消火剤自体が放射のための圧力源になる点も、二酸化炭素消火器と同様である。消火作用は、窒息作用のほか、ハロゲン化物による強い抑制作用がある。気体の消火薬剤なので、消火時の汚損が少ない点も、二酸化炭素消火器と共通している。毒性は低いので、地下街等に設置することは禁止されていない。

　本体容器の外面の塗色は、高圧ガス保安法の規定により、表面積の2分の1以上をねずみ色にしなければならない。消火器の規格により、消火器の外面は、25％以上を赤色にするよう定められているので、ハロン1301消火器の本体容器は、ねずみ色と赤色に塗り分けられている。

> 液化炭酸ガスは緑色、酸素は黒色というように、高圧ガスの種類によって容器の塗色がきめられ、その他の種類の高圧ガスの容器の塗色はねずみ色とされているんだ。

3. その他のハロゲン化物消火器

ハロゲン化物消火器には、ハロン1301消火器のほかに、ハロン1211消火器とハロン2402消火器がある。

ハロン1211消火器は、ハロン1301消火器と同様に、常温常圧において気体である物質（ハロン1211：ブロモクロロジフルオロメタン）を高圧で液化し、高圧ガス容器に充てんしたもので、本体容器は、高圧ガス保安法の適用を受ける。ハロン1301消火器と同様に、本体容器は、ね

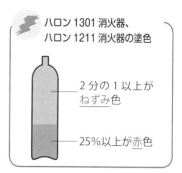

⚡ ハロン1301消火器、ハロン1211消火器の塗色

2分の1以上が<u>ねずみ色</u>

25%以上が<u>赤色</u>

ずみ色と赤色に塗り分けられている。地下街等への設置は禁止されている。

ハロン2402消火器は、蓄圧式の強化液消火器などと同様に、常温常圧において液体である消火薬剤（ハロン2402：ジブロモテトラフルオロエタン）を圧縮ガスとともに充てんしたものであり、高圧ガス保安法の適用は受けない。地下街等への設置は禁止されている。

ハロゲン化物消火器の中では、試験に出るのはハロン1301消火器が中心だ。他のものについては、地下街等に設置できないことを覚えておく程度でよい。

4. 充てん比

二酸化炭素消火器、ハロン1301消火器、ハロン1211消火器については、充てん比の規定がある。**充てん比**とは、本体容器の内容積と充てんする消火薬剤の質量の比で、式で表すと下記のようになる。

$$充てん比 = \frac{内容積 [L]}{消火薬剤の質量 [kg]} \quad (1L = 1000cm^3)$$

二酸化炭素消火器とハロン1301消火器には**指示圧力計**が取り付けられていないので、ガス漏れの有無等の確認は、消火器の**総質量**を測定して行う。質量が不足している場合は、専門業者に依頼して充てんする。それぞれの消火器の充てん比は、以下のようにしなければならない。

- 二酸化炭素消火器：1.5以上
- ハロン1301消火器：0.9以上
- ハロン1211消火器：0.7以上

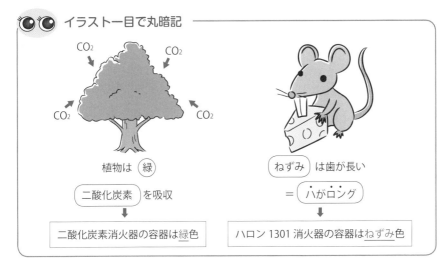

イラスト一目で丸暗記

植物は（緑）
（二酸化炭素）を吸収
→ 二酸化炭素消火器の容器は緑色

（ねずみ）は歯が長い
＝（ハがロング）
→ ハロン1301消火器の容器はねずみ色

ポイントを丸暗記！

1 二酸化炭素消火器は、B火災、C火災に適応する。

二酸化炭素消火器の消火作用は、窒息作用である。

2 二酸化炭素消火器は、充てん比を1.5以上にしなければならない。

充てん比とは、本体容器の内容積［L］を充てんする消火薬剤の質量［kg］で割った値である。

3 二酸化炭素消火器の本体容器は、緑色と赤色に塗り分けられている。

高圧ガス保安法に基づく規定により、本体容器の表面積の2分の1以上を緑色にしなければならない。また、消火器の規格により、消火器の外面の25%以上を赤色にするよう定められている。

04 消火器の構造と機能③《二酸化炭素消火器・ハロゲン化物消火器》

消火器の構造と機能④
〈粉末消火器〉

Lesson
05

ここがPoint!

逆流防止装置、粉上り防止用封板など、ガス加圧式粉末消火器だけに取り付けられている部品を覚えよう。

基礎知識を押さえよう！

1. 粉末消火器の消火薬剤

　粉末消火器の消火薬剤には、下表のように4種類のものがある。成分はそれぞれ異なるが、いずれも乾燥した微細な粉末で、人体に対する毒性はない。消火作用は、抑制作用（負触媒作用）が中心で、粉末による窒息作用も加わる。

　粉末（ABC）消火薬剤は、A火災（普通火災）、B火災（油火災）、C火災（電気火災）すべてに適応する。この消火剤を充てんした消火器は、粉末（ABC）消火器と呼ばれ、現在製造、使用されている消火器の大部分を占めている。

　その他の粉末消火薬剤は、いずれもB火災、C火災に適応するので、これらの消火薬剤を充てんした消火器は、粉末（BC）消火器と呼ばれることがあるが、粉末（Na）消火器、粉末（K）消火器、粉末（KU）消火器というように、それぞれの消火薬剤の名で呼ばれることもある。

◇粉末消火器の消火薬剤

消火薬剤	主成分	適応火災	着　色
粉末（ABC）消火薬剤	リン酸アンモニウム	A、B、C	淡紅色
粉末（Na）消火薬剤	炭酸水素ナトリウム	B、C	白色
粉末（K）消火薬剤	炭酸水素カリウム	B、C	紫色
粉末（KU）消火薬剤	炭酸水素カリウムと尿素の反応生成物	B、C	ねずみ色

粉末消火薬剤は、混同を避けるために、種類ごとに異なる色に着色されている（消火器の本体容器の塗色ではない）。

粉末消火器には、蓄圧式のものとガス加圧式のものがあり、加圧方式と消火薬剤の組合せによりさまざまな種類の消火器がある。

現在最も多く製造されているのは、蓄圧式の粉末（ABC）消火器だ。

2. 粉末消火器（蓄圧式）

消火剤：粉末（ABC）消火薬剤等（前ページの表参照）
適応火災：A 火災※、B 火災、C 火災　　※ 粉末（ABC）消火器のみ。
主な消火作用：窒息作用、抑制作用
使用温度範囲：− 30℃〜 40℃
使用圧力範囲：0.7MPa 〜 0.98MPa

鋼板製、ステンレス鋼板製または樹脂製の本体容器内に、窒素ガスとともに消火薬剤が充てんされており、レバー式の開閉バルブにより放射と放射停止ができる。

構造は、蓄圧式の強化液消火器とほぼ同じで、粉末を放射しやすくするために、ノズルの形状が先広がりになっている点が異なる。大型消火器は、ハンドルレバーを倒してバルブを開いてから、開閉式のノズルレバーを操作して放射する。

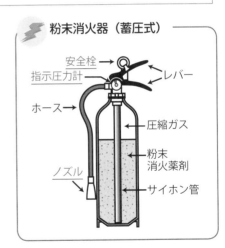

粉末消火器（蓄圧式）

安全栓／指示圧力計／レバー／ホース→／圧縮ガス／粉末消火薬剤／サイホン管／ノズル

放射する消火薬剤が液体の場合、気体の場合、粉末の場合で、それぞれノズルの形状が違うんですね。

3. 粉末消火器（ガス加圧式）

消火薬剤：粉末（ABC）消火薬剤等（p.182の表参照）
適応火災：A火災※、B火災、C火災　　※ 粉末（ABC）消火器のみ。
主な消火作用：窒息作用、抑制作用
使用温度範囲：窒素ガスで加圧するもの、窒素ガスと二酸化炭素の
　　　　　　　混合ガスで加圧するものは－30℃～40℃、二酸化
　　　　　　　炭素で加圧するものは、構造により－20℃～40℃
　　　　　　　または－10℃～40℃

　ガス加圧式の粉末消火器には、小型消火器と大型消火器がある。これら
は構造が大きく異なるので、小型消火器と大型消火器に分けて、以下に説
明する。なお、小型消火器にガス加圧式のものがあるのは、粉末消火器の
みである※。

※ ガス加圧式の消火器は強化液消火器、機械泡消火器にもあるが、いずれも大型消火
　器である。

①小型消火器

　鋼板製、ステンレス鋼板製また
はアルミニウム製の本体容器に消
火薬剤が充てんされ、圧力源とな
る加圧用ガス容器は、右図のよう
に本体容器の内部に取り付けられ
ている（外部に取り付けられてい
るものもある）。加圧用ガスとして
は、主に二酸化炭素が用いられる
が、窒素ガスや窒素と二酸化炭素
の混合ガスを用いるものもある。
使用時は、レバーを操作して加圧

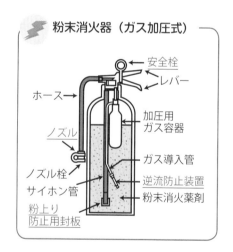

粉末消火器（ガス加圧式）

安全栓
レバー
ホース
加圧用
ガス容器
ノズル
ガス導入管
ノズル栓
逆流防止装置
サイホン管
粉末消火薬剤
粉上り
防止用封板

用ガス容器の封板を破り、本体容器内にガスを導入する。
　封板が破られると、加圧用ガスはガス導入管を通って本体容器内に入り、
粉末状の消火薬剤を攪拌して流動させる。加圧された消火薬剤は、サイホ

ン管、ホースを経て、ノズルから放射される。

ガス導入管には、消火薬剤による詰まりを防止するための逆流防止装置が設けられている。また、サイホン管には粉上り防止用封板が取り付けられており、未使用の状態では、サイホン管に粉末が流入しないようになっている。使用時は、ガスの圧力により封板が破られるしくみである。

放射の機構には、開閉バルブ式と開放式がある。開閉バルブ式のものは、加圧用ガス容器の封板を破るカッターにバルブが付設されており、レバーの操作により放射と放射停止ができる。開放式は、放射停止ができないもので、一度レバーを握ると全量が放射される。粉末（ABC）消火器で消火薬剤量 3kg 以下のものは、原則として開放式になっている。

開閉バルブ式の粉末消火器では、放射を中断した場合に内部に加圧用ガスが残っていることがあるので、残圧を排出するための排圧栓がキャップの上部に設けられている（p.205 参照）。放射を停止した消火器は、消火薬剤がまだ残っていたとしても、そのまま再使用することはできない（消火薬剤を再充てんし、加圧用ガス容器を交換することにより再使用できる）。

外気の侵入により消火薬剤が湿気を帯びることを防ぐために、ノズル栓が設けられているものもある。

ガス加圧式の粉末消火器には、他の消火器にない部品がいろいろありますね。

②大型消火器

鋼板製の本体容器内に消火薬剤が充てんされ、加圧用ガス容器は、本体容器の外部に取り付けられている（小容量のものは内部に取り付けられていることもある）。加圧用ガスとしては、小容量のものには二酸化炭素が、大容量のものには窒素ガスが使用されている。後者には、減圧用の圧力調整器が設けられているものがある。

二酸化炭素により加圧するものは、押し金具を押して加圧用ガス容器の封板を破り、窒素ガスにより加圧するものは、加圧用ガス容器のハンドルを回して、本体容器内にガスを導入する。ノズルは開閉式で、ノズルレバーの操作により、放射と放射停止ができる。

ゴロ合わせで覚えよう！

ガス加圧式粉末消火器の部品

裁判官が、こんな赤い帽子！？
（サイホン管）　（粉上り防止）

⇒ ガス加圧式粉末消火器（小型）のサイホン管には、粉上り防止用封板が設けられている。

ポイントを丸暗記！

1 **リン酸アンモニウムを主成分とする消火薬剤を充てんした消火器は、A火災、B火災、C火災に適応する。**

粉末消火器に使用される消火薬剤は4種類あり、そのうち、リン酸アンモニウムを主成分とする粉末（ABC）消火薬剤は、A火災、B火災、C火災すべてに適応する。その他のものは、B火災、C火災に適応する。

2 **粉末消火器の消火作用は、抑制作用と窒息作用である。**

粉末消火器には、蓄圧式のものとガス加圧式のものがある。現在最も多く生産されている消火器は、蓄圧式の粉末（ABC）消火器である。

3 **小型のガス加圧式粉末消火器のガス導入管には、逆流防止装置が設けられている。**

ガス導入管には、消火薬剤による詰まりを防止するための逆流防止装置が設けられている。また、サイホン管には粉上り防止用封板が取り付けられており、未使用の状態では、サイホン管に粉末が流入しないようになっている。

指示圧力計の役割と機能

ここが Point!

消火器の部品の中でも特に出題例の多い、指示圧力計の
しくみとその役割をしっかり理解しよう。

基礎知識を押さえよう！

　このレッスンでは、蓄圧式消火器に取り付けられている指示圧力計の役
割と機能を説明するが、その前に、消火器の使用温度範囲と、蓄圧式消火
器の使用圧力範囲（蓄圧力）について説明しておきたい。これらの数値の
意味を理解しておくと、指示圧力計が果たしている役割をより理解しやす
くなるはずである。

1. 消火器の使用温度範囲

　消火器の使用温度範囲とは、その消火器が有効に機能を発揮することが
できる温度の範囲をいう。使用温度範囲は、消火器に必ず表示しなければ
ならない項目のひとつとされている（p.247 参照）。消火器は、その消火
器に表示されている使用温度範囲内の場所に設置する必要がある。

　総務省令（消火器の技術上の規格を定める省令）により、消火器の使用
温度範囲は以下のように定められている。

- 化学泡消火器　5℃以上 40℃以下
- 化学泡消火器以外の消火器　0℃以上 40℃以下

　消火器は、上記の温度範囲で使用した場合において、正常に操作するこ
とができ、かつ、消火及び放射の機能を有効に発揮することができるもの
でなければならない。

　上記の使用温度範囲は、消火器の規格として定められたものであるが、
この温度範囲を 10℃単位で拡大した場合においてもなお正常に操作する

ことができ、かつ、消火及び放射の機能を有効に発揮する性能を有する消火器であれば、その拡大した温度範囲を使用温度範囲として、消火器に表示することができる。

　現在、実際に製造され、販売されている消火器の多くは、使用温度範囲を拡大したものである。例えば、強化液消火器では、使用温度範囲の下限値が－20℃に拡大されている（p.170参照）。このように、消火器の規格により定められている使用温度範囲と実用上の使用温度範囲が異なる場合がある（実際の消火器の使用温度範囲については、Lesson 02〜Lesson 05参照）。

地域によっては、冬季には気温0℃以下になることもよくあるので、寒冷地での使用に適した消火器も必要ですね。

　試験では、使用温度範囲に関する問題が出題されることがあるが、問題文や選択肢の文をよく読んで、消火器の規格に定められている使用温度範囲が問われているのか、実際の使用温度範囲が問われているのか、文脈から判断する必要がある。問題文に「法令で定められている使用温度範囲」などと書いてあれば、前者をさしていると考えられる。

2. 蓄圧式消火器の使用圧力範囲（蓄圧力）

　蓄圧式消火器の本体容器内には、消火薬剤とともに圧縮ガスが充てんされているために、容器には常に圧力がかかっている。その圧力を、蓄圧力という。消火器を安全に使用し、消火器の機能を有効に発揮させるためには、蓄圧力が正常な範囲に保たれていなければならない。

　二酸化炭素消火器、ハロン1301消火器を除く蓄圧式消火器のほとんどは、使用圧力範囲を0.7MPa〜0.98MPaとしている（Lesson 02、03、05参照）。上限が0.98MPaという細かい値になっているのは、容器の圧力が1MPa以上になると高圧ガス保安法の適用を受けるため、容器を厚くしなければならないので、消火器が重くなり、使いにくくなってしまうためである。

　消火器の容器は密閉されているので、容器内の圧縮ガスの体積はほとん

ど変化しないと考えられる（容器の膨張等による体積の変化は、ここでは無視する）。一方、容器内の温度は、周囲の気温の影響を受けて変化する。

　ボイル・シャルルの法則により、一定質量の気体の体積は圧力に反比例し、絶対温度に比例する（p.147参照）。この場合は体積がほぼ一定なので、おおむね、絶対温度に比例して圧力が高くなると考えられる。

　そこで、使用温度範囲の上限とされている40℃（＝313.15K）において容器内部の圧力が0.98MPaになるように圧力を設定すると、－20℃における圧力は約0.79MPa、－30℃における圧力は約0.76MPaになる（下図参照）。蓄圧式消火器の使用圧力範囲が0.7MPa～0.98MPaとされているのは、このような理由による（下限値に少し余裕をみている）。

蓄圧式消火器の容器内の圧力の変化

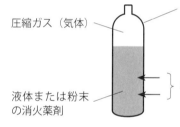

圧縮ガス（気体）

液体または粉末
の消火薬剤

容器の膨張などを無視すると、容器内の気体の体積はほとんど変化しないとみなすことができる。

容器内の温度は周囲の気温により変化する。

$\dfrac{pV}{T} = $ 一定　　p：圧力　V：体積　T：絶対温度（ボイル・シャルルの法則）

体積が一定ならば、$\dfrac{p}{T} = $ 一定（圧力は絶対温度に比例）

$T = 40℃ = 313.15K$ のときに $p = \underline{0.98}$MPa とすると、

$T = 0℃\quad = 273.15K$ のとき　→　$p ≒ 0.85$MPa
$T = -20℃ = 253.15K$ のとき　→　$p ≒ 0.79$MPa
$T = -30℃ = 243.15K$ のとき　→　$p ≒ 0.76$MPa

消火器の本体容器のほとんどは金属製なので、熱を伝えやすい。容器内の温度が外気温の影響を受けて変化することに注意しよう。

3. 指示圧力計の役割と機能

　指示圧力計は、蓄圧式消火器の容器内の圧力が使用圧力範囲内に保たれているかどうかを確認するための装置である。その構造は、一般的な圧力計（標準圧力計）と同じで、ブルドン管という金属製の管が圧力により変形すると指針が動くしくみになっている（下図参照）。

　通常の圧力計と大きく異なるのは目盛板で、下図のように、消火器の使用圧力範囲（0.7MPa ～ 0.98MPa）の部分が緑色の帯で示されている。つまり、指針が緑色の部分にかかっていれば、適正な蓄圧力であることを示す。

　指示圧力計には、細かい目盛りは付いておらず、圧力の数値も、使用圧力範囲の上限と下限の値しか書かれていないので、正確な圧力の値を読み取ることはできない。

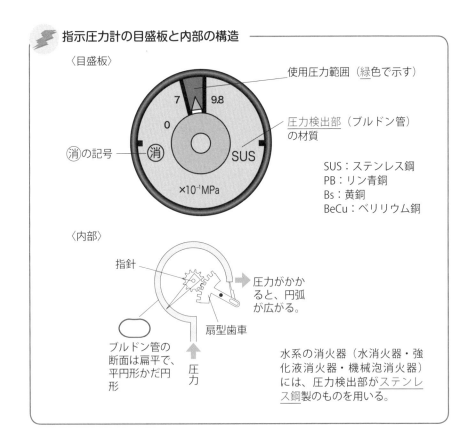

指示圧力計の目盛板と内部の構造

〈目盛板〉

使用圧力範囲（緑色で示す）

7　9.8

0

圧力検出部（ブルドン管）の材質

消の記号　消

SUS

×10⁻¹MPa

SUS：ステンレス鋼
PB：リン青銅
Bs：黄銅
BeCu：ベリリウム銅

〈内部〉

指針

圧力がかかると、円弧が広がる。

扇型歯車

ブルドン管の断面は扁平で、平円形か楕円形

圧力

水系の消火器（水消火器・強化液消火器・機械泡消火器）には、圧力検出部がステンレス鋼製のものを用いる。

ポイントを 丸 暗記！

1 消火器の規格により定められた、化学泡消火器以外の消火器の使用温度範囲は、0℃以上 40℃以下である。

消火器の規格により定められた、化学泡消火器の使用温度範囲は、5℃以上40℃以下である。消火器の種類によっては、規格により定められた使用温度範囲と実際の使用温度範囲が異なることがある。

2 蓄圧式の水消火器、強化液消火器、機械泡消火器、粉末消火器の使用圧力範囲は、0.7MPa ～ 0.98MPa である。

これらの蓄圧式消火器には、容器内の圧力が使用圧力範囲内に保たれているかどうかを確認するための指示圧力計が取り付けられている。

3 指示圧力計の目盛板では、消火器の使用圧力範囲を示す部分が緑色になっている。

目盛板には、圧力検出部（ブルドン管）の材質を表す記号が記されている。

⚠ こんな選択肢に注意！

強化液消火器の指示圧力計は、圧力検出部が黄銅製のものが用いられる。

水系の消火器（水消火器・強化液消火器・機械泡消火器）の指示圧力計は、圧力検出部がステンレス鋼製のもの（記号：SUS）を用いなければならない。

06

指示圧力計の役割と機能

安全栓と使用済表示装置

Lesson
07

ここが Point!

消火器の安全栓、使用済表示装置の役割と、それらを設けなくてはならない消火器を覚えよう。

基礎知識を押さえよう！

1. 安全栓

　消火器を誤って作動させることがないように、消火器には、安全栓を設けなければならない。

　手さげ式の消火器のほとんどは、消火器の上部にレバーがあり、レバーを握るとノズルから消火薬剤が放射されるしくみであるが、未使用時は、レバーの上方から差し込まれた安全栓によりレバーがロックされ、レバーが握れないようになっている。安全栓のリングに指を掛けて上方に引き抜くと、レバーが握れる状態になる。

　安全栓のリング部は、目立つように黄色にするよう定められている。安全栓は、引き抜く以外の動作では容易に抜けないようにしなければならない。引き抜いた安全栓は、もとどおりに装着することができる。

　安全栓には封（シール）が施されており、安全栓が引き抜かれると、封が破れたり剥がれたりするので、安全栓が引き抜かれたことを知るための目印となる。

　なお、安全栓を設けなくてよいとされている消火器に以下のものがある。
- 手動ポンプにより作動する水消火器（現在は製造されていない）
- 転倒の１動作で作動する消火器

Lesson 03 の化学泡消火器を除く消火器の図には、すべて安全栓が付いていますね。

192

2. 使用済表示装置

　使用済表示装置は、手さげ式消火器に設けられる部品で、通常、レバーの支点に近い部分に装着されている。プラスティック製のものが多い。レバーを握ると軸が折れるなどして自動的にはずれるようになっているので、脱落していれば、消火器が使用されたことがわかる。再装着はできない。

　使用済表示装置の装着が義務づけられているのは、以下のものを除く手さげ式消火器である。

- 指示圧力計のある蓄圧式消火器
- バルブを有しない消火器
- 手動ポンプにより作動する水消火器（現在は製造されていない）

　指示圧力計がある蓄圧式消火器は、指示圧力計により使用されたかどうかが確認できるので、使用済表示装置の装着は義務づけられていない。バルブを有しない消火器とは、一度レバーを握ると全量を放射するもので、開放式の強化液消火器や粉末消火器、化学泡消火器などである。

　使用済表示装置は、未使用のときに装着されていて、使用後には脱落するので、実際には「未使用の状態」を表示しているものであるが、法令により「使用した場合、自動的に作動し、使用済であることが判別できる装置」と規定されているため、使用済表示装置と呼ばれている。

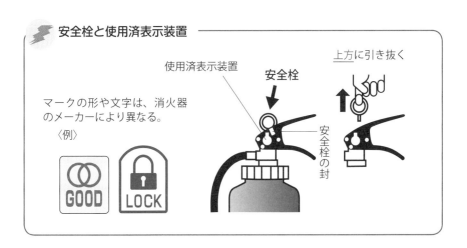

安全栓と使用済表示装置

マークの形や文字は、消火器のメーカーにより異なる。
〈例〉

GOOD
LOCK

使用済表示装置
安全栓
上方に引き抜く
安全栓の封

07
安全栓と使用済表示装置

ポイントを丸暗記！

1 消火器を誤って作動させることがないように、消火器には、安全栓を設けなければならない。

手動ポンプにより作動する水消火器（現在は製造されていない）、転倒の1動作で作動する消火器には、安全栓を設けなくてもよい。

2 安全栓には、封が施されていなければならない。

安全栓は、1動作で容易に引き抜くことができ、かつ、その引き抜きに支障のない封が施されていなければならない。

3 手さげ式の消火器（指示圧力計のある消火器などを除く）には、使用済表示装置を設けなければならない。

手さげ式の消火器（指示圧力計のある蓄圧式の消火器、バルブを有しない消火器、手動ポンプにより作動する水消火器を除く）には、使用した場合、自動的に作動し、使用済であることが判別できる装置を設けなければならない。

消火器の点検と整備①
〈外観点検〉

ここが Point!

消火器の外観点検により異常が認められたときに、機能点検が必要になるのはどんな場合かを覚えよう。

基礎知識を押さえよう！

1. 消火器具の点検について

　第1章の Lesson 14 で説明したように、防火対象物の関係者は、防火対象物に設置した消防用設備等の点検を定期的に行い、その結果を報告しなければならない。消火器を含む消火器具も、もちろん点検の対象となる。

　延べ面積 1,000m^2 以上の特定防火対象物、延べ面積 1,000m^2 以上の非特定防火対象物で消防長または消防署長が指定するもの、特定1階段等防火対象物の関係者は、消防用設備等の点検を有資格者に行わせなければならない。消火器具の点検の場合、乙種第6類の消防設備士、または第1種消防設備点検資格者が点検資格者となる。

　消防用設備等の点検には機器点検と総合点検があるが、消火器具については、6か月に1回、機器点検を行うよう定められている。消火器具の機器点検は、設置状況の点検、表示及び標識の点検、消火器の外形の点検、消火器の内部及び機能の点検からなる。

2. 消火器の外観点検

　消火器の外形の点検（以下、外観点検とする）は、設置してある消火器の全数について、6か月に1回以上行う。外観点検の点検項目、点検方法、判定方法は、次ページの表のとおりである。

　外観点検において異常が認められた場合は、後述する機能点検を行う。外観点検において、部品に著しい変形や損傷、腐食等がみられた場合は交換し、古い部品は破棄する。

◇消火器具の設置状況、表示及び標識、消火器の外形の点検要領（消防庁の告示による）

点検項目		点検方法	判定方法
設置状況	設置場所	目視または簡易な測定により確認する。	通行または避難に支障がなく、かつ、消火器については消火薬剤が凍結、変質等のおそれの少ない場所で、使用に際して容易に持ち出すことができる位置にあること。 ・床面からの高さ 1.5m 以下 ・使用温度範囲内の箇所に設置されていること
	設置間隔		防火対象物の各部分からそれぞれの消火器具に至る歩行距離が規定の数値以下であること。 ・消火器までの歩行距離が原則として 20m 以下（大型消火器の場合は 30m 以下）
	適応性	適応性を確認する。	設置した場所の消火に適応する消火器具であること。 →消火器具の適応性については、p.107 の表参照
	耐震措置	目視により確認する。	震動等による転倒を防止するための適当な措置が講じられていること（転倒により消火薬剤が漏出するおそれのある消火器に限る）。
表示及び標識		目視により確認する。	損傷、汚損、脱落、不鮮明なもの等がなく、所定のものが設けられていること。
消火器の外形	本体容器	目視により確認する。	消火薬剤の漏れ、変形、損傷、著しい腐食等がないこと。
	安全栓の封		損傷、脱落等がなく、確実に取り付けられていること。
	安全栓		変形、損傷等がなく、確実に装着されていること。
	使用済表示装置		変形、損傷、脱落等がなく、作動していないこと。
	押し金具及びレバー等の操作装置		変形、損傷等がなく、確実にセットされていること。
	キャップ	目視及び手で締め付け等を行うことにより確認する。	変形、損傷等がなく、本体容器と緊結されていること。
	ホース		変形、損傷、老化、詰まり等がなく、本体容器と緊結されていること。
	ノズル、ホーン及びノズル栓		変形、損傷、老化、詰まり等がなく、ホースと緊結されており、二酸化炭素消火器にあっては、ホーン握りの脱落がないこと。
	指示圧力計※	目視により確認する。	変形、損傷等がなく、指示圧力値が適正であること。 →指示圧力計の指針が緑色の範囲にあることを確認する。

※ 指示圧力計を有しない二酸化炭素消火器、ハロン 1301 消火器は、総質量を測定してガス質量を確認する。

点検項目		点検方法	判定方法
消火器の外形	圧力調整器	目視により確認する。	変形、損傷等がないこと。
	安全弁	目視及び手で締め付け等を行うことにより確認する。	変形、損傷等がなく、本体容器と緊結されていること。
	保持装置	目視及び着脱等を行うことにより確認する。	変形、損傷、著しい腐食等がなく、消火器を容易に取りはずせること。
	車載式消火器の車輪	目視及び手で操作することにより確認する。	変形、損傷等がなく、円滑に回転すること。
	車載式消火器のガス導入管	目視及び手で締め付け等を行うことにより確認する。	変形、損傷等がなく、確実に取り付けられていること。

本体容器が著しく腐食しているもの、錆が剥離しているもの、溶接部が損傷しているもの、著しく変形しているものなどは、廃棄処分にしなければならない。

3. 機能点検が必要になる場合

　消火器の外観点検により、以下のような異常が認められた場合は、消火器の内部及び機能の点検（以下、機能点検とする）を行う。

- 安全栓がはずれている。
- 安全栓の封が損傷または脱落している。
- 使用済表示装置が脱落している。
- 指示圧力計の指針が緑色の範囲外を示している。
- ホース、ノズル等の詰まり、漏れがある。
- ガス加圧式粉末消火器のホース結合部、キャップの緩みがある。
- 安全弁の噴き出し口の封が損傷、脱落している。

　使用済表示装置が設けられている消火器の場合、安全栓がはずれていても、使用済表示装置が脱落していないときは消火器が使用されていないので、機能点検の必要はなく、安全栓をもとに戻しておくだけでよい。反対に、

安全栓ははずれていないが、使用済表示装置が脱落しているときは、消火器が使用されたのちに安全栓がもとに戻された疑いがあるので、機能点検が必要である。

　指示圧力計の指針が緑色の範囲よりも下がっているときは、消火器が使用されたか、ガス漏れにより内圧が不足しているか、指示圧力計が故障しているおそれがある。指針が緑色の範囲よりも上がっているときは、指示圧力計が故障していなければ、圧力調整を行う（p.207 参照）。

　ガス加圧式粉末消火器のホース結合部のねじやキャップの緩みがある場合は、外気が侵入し、消火薬剤が吸湿、固化しているおそれがあるので、機能点検が必要である。粉末消火器以外の加圧式消火器の場合は、ねじ、キャップを締め直しておけばよい。

　二酸化炭素消火器、ハロン 1301 消火器の安全弁のねじが緩んでいるときは、ガス漏れのおそれがあるので、総質量の測定による消火薬剤量の確認が必要である。質量が不足している場合は、専門業者に充てんを依頼する。化学泡消火器の安全弁のねじが緩んでいるときは、ねじを締め直しておく。

ポイントを丸暗記！

1 消火器の安全栓がはずれているときは、機能点検を行う。

使用済表示装置が設けられている消火器の場合、安全栓がはずれていても、使用済表示装置が脱落していないときは、機能点検の必要はなく、安全栓をもとに戻しておけばよい。

2 ガス加圧式粉末消火器のキャップが緩んでいるときは、機能点検が必要である。

ガス加圧式粉末消火器のホース結合部のねじやキャップの緩みがある場合は、外気が侵入し、消火薬剤が吸湿、固化しているおそれがあるので、機能点検が必要である。

消火器の点検と整備②
〈機能点検の概要〉

Lesson
09

ここが Point!

機能点検の対象となる消火器、抜取り方式で点検を行う場合の試料の抜き取り方を覚えよう。

基礎知識を押さえよう！

1. 消火器の機能点検

消火器の内部及び機能の点検（以下、機能点検とする）は、以下の消火器について実施する。

①外観点検において、機能点検が必要と判断された消火器（p.197 参照）

②下記のいずれかに該当する消火器

• 製造年から 3 年※を経過したガス加圧式消火器

• 製造年から 5 年※を経過した蓄圧式消火器（二酸化炭素消火器とハロゲン化物消火器を除く）

• 設置後 1 年を経過した化学泡消火器

※ 2023 年に製造された消火器の場合、2024 年を 1 年目とし、4 年目に当たる 2027 年から「製造年から 3 年を経過している」とみなされる。

化学泡消火器だけは、製造年からの経過年数でなく、設置後の経過年数が基準になっていますね。

上記の②に該当する消火器のうち、粉末消火器と蓄圧式消火器については、後述する抜取り方式により機能点検を行うことができる。粉末消火器以外のガス加圧式消火器、化学泡消火器で、上記の規定による年数を経過したものは、6 か月に 1 回の機器点検の時期ごとに、全数について機能点検を行わなければならない。

二酸化炭素消火器とハロゲン化物消火器については、機能点検は行わず、外観点検と質量の測定のみを行う。これらの消火器は、本体容器が高圧ガス保安法による規制の対象になるので、消火剤の充てん等の整備が必要な場合は、専門業者に依頼する。

2. 試料の抜き取り方

抜取り方式により機能点検を行う場合の試料の抜き取り方は、以下の方法による。

①確認ロットの作り方

消火器の種類（水消火器・強化液消火器・機械泡消火器・粉末消火器）、大型・小型の種別、加圧方式（蓄圧式・ガス加圧式）が同一であるものを１ロットとする（メーカーの区別は問わない）。ただし、ガス加圧式消火器（粉末）で製造年から８年を超えるもの、蓄圧式消火器で製造年から10年を超えるものは、別ロットとする。

②試料の抜き取り方

- 製造年から３年を超え８年以下のガス加圧式消火器（粉末）、製造年から５年を超え10年以下の蓄圧式消火器については、５年でロット全数の確認が終了するように、おおむね均等に製造年の古いものから試料を抽出（ちゅうしゅつ）する。
- 製造年から８年を超えるガス加圧式消火器（粉末）、製造年から10年を超える蓄圧式消火器については、2.5年でロット全数の確認が終了するように、おおむね均等に製造年の古いものから試料を抽出する。

点検は６か月に１回だから、５年でロット全数の確認を終了させるには、毎回、各ロットの10分の１の消火器を点検していけばよい。2.5年の場合は５分の１ずつになる。

抜取り方式により行った機能点検において、抜き取った試料に欠陥がなかった場合は、そのロットを良とする。試料に消火薬剤の固化、容器内面の塗膜の剥離等の欠陥があった場合は、欠陥があった試料と同一メーカー、同一質量、同一製造年の消火器全数について、欠陥項目の確認を行う。それ以外の欠陥があった場合は、欠陥があった試料の整備を行う。

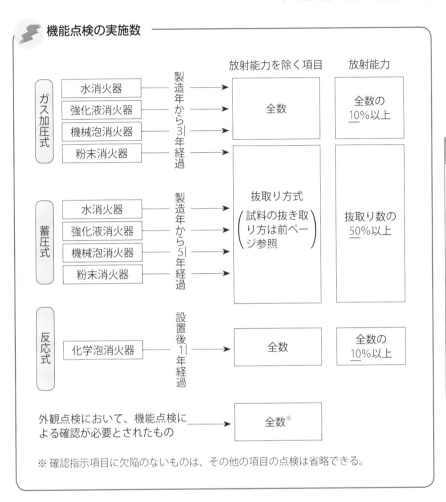

機能点検の実施数

		放射能力を除く項目	放射能力
ガス加圧式	水消火器 強化液消火器 機械泡消火器 粉末消火器	製造年から3年経過 → 全数	全数の<u>10%以上</u>
蓄圧式	水消火器 強化液消火器 機械泡消火器 粉末消火器	製造年から5年経過 → 抜取り方式 （試料の抜き取り方は前ページ参照）	抜取り数の<u>50%以上</u>
反応式	化学泡消火器	設置後1年経過 → 全数	全数の<u>10%以上</u>

外観点検において、機能点検による確認が必要とされたもの → 全数※

※ 確認指示項目に欠陥のないものは、その他の項目の点検は省略できる。

3. 放射能力の点検

　機能点検の項目のうち、放射能力の点検は、実際に消火器を操作して、消火薬剤の放射状態を確認するものである。放射能力の点検は、車載式の消火器以外の消火器について、抜取り方式により実施する。放射能力の点検の実施数は以下のようにする。

- 放射能力以外の点検を全数について行うもの → 全数の 10%以上
- 放射能力以外の点検を抜取り方式で行うもの → 抜取り数の 50%以上

放射能力の点検の結果、放射が不能のもの、または著しく異常のあるものについては、各項目の点検により原因を確認し、該当項目の判定に従って処置する。

外観点検で本体容器に腐食が認められたものは、放射の操作を行うと破裂するおそれがあるので、放射能力の点検は行わない。

4. 耐圧性能の点検

二酸化炭素消火器、ハロゲン化物消火器を除く消火器のうち、製造年から10年を経過したものについては、耐圧性能に関する点検（水圧試験）を3年ごとに行うことが義務づけられている。外観点検において本体容器に腐食等が認められた消火器についても、耐圧性能の点検が必要である。

耐圧性能の点検では、本体容器に水を満たしてキャップを締め、耐圧試験機を接続して所定の水圧を5分間かけ、本体容器とキャップに変形、損傷または漏れがないことを確認する。水圧をかけたときに本体容器が破裂するおそれがあるので、保護枠等を消火器にかぶせた状態で点検を行う。

耐圧性能の点検は、消火器の点検基準の改正により、2011年4月から義務化されたものである。老朽化した消火器の破裂による事故が相次いだことが、制度改正のきっかけになった。

ゴロ合わせで覚えよう！

機能点検

チクショー！　昨日抜き取られた！
（蓄圧式）　　　　　（機能点検）（抜取り方式）

憤懣やるかたない…
ふんまん
（粉末）

⮕ 粉末消火器と蓄圧式消火器については、機能点検（内部及び機能の点検）を抜取り方式により行うことができる。

ポイントを丸暗記！

1 製造年から**3**年を経過したガス加圧式消火器は、機能点検の対象となる。

蓄圧式消火器（二酸化炭素消火器とハロゲン化物消火器を除く）は、製造年から5年を経過したものが、化学泡消火器は、設置後1年を経過したものが対象となる。

2 粉末消火器と蓄圧式消火器については、<u>抜取り方式</u>により機能点検を行うことができる。

粉末消火器以外のガス加圧式消火器、化学泡消火器は、規定の年数を経過したもの<u>全数</u>について機能点検を行わなければならない。

3 <u>放射能力</u>の点検は、車載式の消火器以外の消火器について、抜取り方式により実施する。

放射能力以外の点検を全数について行うものについては全数の<u>10</u>%以上、放射能力以外の点検を抜取り方式で行うものについては抜取り数の<u>50</u>%以上について放射試験を実施する。

⚠ こんな選択肢に注意！

蓄圧式強化液消火器は、~~設置後~~5年を経過したものについて機能点検を行う。

蓄圧式強化液消火器は、<u>製造年</u>から5年を経過したものについて機能点検を行う。

消火器の点検と整備③
〈蓄圧式消火器の分解・点検・整備〉

ここが Point!

蓄圧式消火器の分解の手順を覚えよう。蓄圧式消火器は、消火薬剤のほかに、蓄圧ガスの充てんが必要である。

基礎知識を押さえよう！

1. 蓄圧式消火器の分解・点検の手順

蓄圧式消火器の分解・点検は、以下の手順で行う。

①消火器の総質量を測定して、消火薬剤の量を確認する。

②指示圧力計の指針が緑色の範囲にあるかどうかを確認する（指針が緑色の範囲からはずれている場合については p.207 参照）。※

③排圧栓のあるものは、ドライバーを用いて排圧栓を徐々に開き、容器内の圧力を完全に排出する。排圧栓のないものは、容器を逆さにしてレバーを徐々に握り、排圧を行う。排圧時に指示圧力計の指針が徐々に下がり、0になるのを確認する。　　　　　　　　　　ゴロ合わせ ➡ p.309

④消火器をクランプ台に固定し、キャップスパナでキャップを緩める。

⑤レバー、キャップ、バルブ、サイホン管の部分を本体容器から抜き取る。

⑥容器内に残っている消火薬剤を取り出す。水系の消火薬剤は、ポリバケツなどに移しておく。粉末の消火薬剤は、ポリ袋に移し、吸湿を防ぐために輪ゴムなどで封をする。

⑦本体容器の内外、ノズル、ホース、キャップ、サイホン管等の清掃を行う。水系の消火器は水洗いで、粉末消火器の場合は、水の使用は避けて、乾燥した圧縮空気等により清掃する。

⑧各部品の点検を行う。

※ 放射能力の点検を行う試料については、②の後に放射試験を行う。

蓄圧式消火器の排圧作業

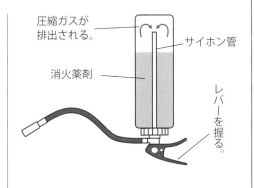

圧縮ガスが排出される。

サイホン管

消火薬剤

レバーを握る。

排圧栓があるものは、排圧栓をドライバーで徐々に緩めて排圧する。

排圧栓のないものは、容器を逆さにし、レバーを徐々に握って排圧する。消火薬剤は容器内に残る。

クランプ台とキャップスパナ

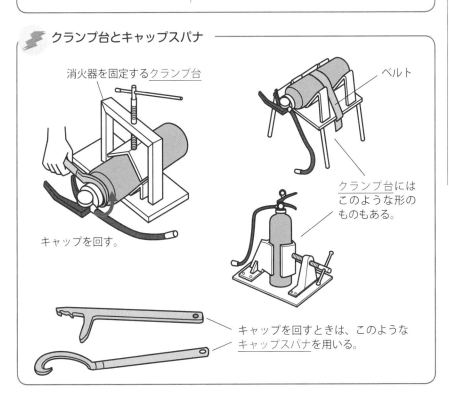

消火器を固定するクランプ台

ベルト

クランプ台にはこのような形のものもある。

キャップを回す。

キャップを回すときは、このようなキャップスパナを用いる。

◇蓄圧式消火器の内部及び機能の点検要領（消防庁の告示による）

点検項目		点検方法	判定方法
消火器の内部及び機能	本体容器	内部点検用の照明器具を容器内に挿入し、見にくい箇所は反射鏡により確認する。	腐食、防錆材料の脱落等がないこと。 →著しい腐食、防錆材料の脱落があるものは廃棄する。
	消火薬剤の性状	水系の消火薬剤はポリバケツ等に、粉末消火薬剤はポリ袋等に移して確認する。	変色、腐敗、沈殿物、汚れ等がないこと。 固化していないこと。
	消火薬剤の量	薬剤量を質量で表示しているものは、秤量により確認する。※	所定量であること。 質量で表示している場合は、表示質量との誤差が許容範囲内であること。
	ホース	ホースを取りはずし、目視により確認する。	ホース及びホース接続部に詰まり等がないこと。 →詰まりのあるものは清掃する。
	開閉式ノズル	レバー等の操作により確認する。	ノズルの開閉が円滑かつ確実に作動すること。
	指示圧力計	容器の内圧を排出するときに、指針の作動を目視により確認する。	円滑に作動すること。
	使用済表示装置	作動軸を手で操作して確認する。	円滑に作動すること。
	減圧孔（排圧栓を含む）	目視または操作により確認する。	変形、損傷、詰まり等がないこと。 排圧栓は確実に作動すること。 →詰まりのあるものは清掃する。
	パッキン	目視により確認する。	変形、損傷、老化等がないこと。
	サイホン管	目視及び通気等により確認する。	変形、損傷、詰まり等がないこと。 取付け部の緩みがないこと。 →詰まりのあるものは清掃する。 →取付け部がねじで緩みのあるものは締め直す。
	放射能力	放射試験を抜取り方式により実施し、放射状態を確認する。	放射状態が正常であること。 →外形の点検で腐食が認められたものは放射しない。 →放射が不能のもの、または著しく異常があるものは、各項目の点検をしながら原因を確認し、各項目の判定に従って処置する。

※ このほかに、消火薬剤量を液面表示で表示しているものは、消火薬剤を移す前に液面表示で確認するという規定があるが、液面表示が義務づけられているのは、現在製造されているものでは化学泡消火器のみである（p.216 参照）。

2. 指示圧力計の読み取りと点検

　蓄圧式消火器（指示圧力計のあるもの）は、使用温度範囲内の場所に設置されていて未使用であれば、指示圧力計の指針が緑色の範囲を示しているはずである。指針がその範囲からはずれている場合は、何らかの異常があると考えられる。

①指針が緑色の下限より下がっている場合

　消火器の総質量を測定し、消火薬剤が不足していないか確認する。不足していれば、消火器が使用されたと考えられるので、消火薬剤の詰替えを行う。消火薬剤が適量であるときは、圧縮ガスの漏れによる圧力の低下が疑われるので、気密試験を行う（p.209 参照）。

②指針が緑色の上限より上がっている場合

　指示圧力計の作動を点検し、異常がなければ消火器の圧力調整を行う。

③指針が 0 を示している場合

　消火器が使用された可能性があるが、指示圧力計が故障していることも考えられる。排圧栓のあるものは排圧栓を徐々に開き、排圧栓のないものは消火器を逆さにしてレバーを握り、排圧を行ってからキャップをはずす。

指示圧力計の指針が 0 を示していても、容器内には圧力がかかっていることがあるので、すぐにキャップを開けてはいけないんですね。

3. 消火薬剤の充てん

　消火薬剤を充てんする場合は、以下の手順で行う。

①消火薬剤を詰め替えるときは、メーカー指定の消火薬剤を用意する。

②消火器の本体容器内に異物がないか確認する。消火薬剤が粉末の場合は、容器に水滴が付いていないか注意する。

③本体容器の口金に漏斗を挿入し、規定量の消火薬剤を入れる。

④口金やねじ等に付着した粉末薬剤は、刷毛等で除去する。パッキン等は新しいものと交換する。

⑤サイホン管が結合されているバルブ本体を口金に挿入し、指示圧力計が正面を向くように保持しながら、キャップを手で締まるところまで締める。

⑥本体容器をクランプ台に固定し、キャップスパナでキャップを締める。

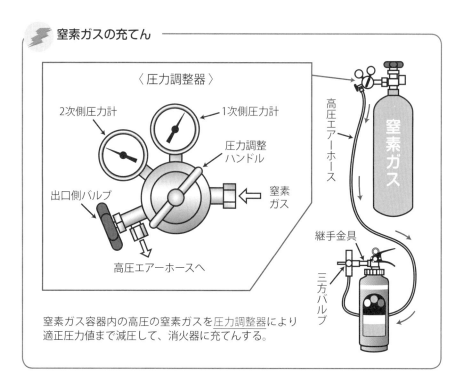

窒素ガスの充てん

〈圧力調整器〉

2次側圧力計

1次側圧力計

圧力調整ハンドル

出口側バルブ

窒素ガス

高圧エアーホースへ

高圧エアーホース

窒素ガス

継手金具

三方バルブ

窒素ガス容器内の高圧の窒素ガスを<u>圧力調整器</u>により適正圧力値まで減圧して、消火器に充てんする。

4. 蓄圧ガスの充てん

　蓄圧式消火器の場合は、消火薬剤を充てんした後に、蓄圧ガス（圧縮ガスともいう）の充てんも行わなければならない。蓄圧ガスとしては、粉末消火器には窒素ガスを使用する。水系の消火器の場合は圧縮空気でもよいが、普通の空気圧縮機では必要な圧力が得られないので、一般に窒素ガスが用いられることが多い。充てん方法は以下のとおりである。

①窒素ガスの容器に、圧力調整器を取り付ける（上図参照）。

②圧力調整器の出口側に、高圧エアーホースを接続する。高圧エアーホースの先端には、あらかじめ三方バルブを取り付けておく。三方バルブは、閉の状態にしておく。

③圧力調整器の出口側のバルブを閉め、圧力調整ハンドルは緩めておく。この状態で窒素ガス容器のバルブを開くと、圧力調整器の1次側の圧力計は窒素ガス容器内の圧力を示し、2次側の圧力計は0を示す。

④消火器の種類と充てん時の温度に適合した充てん圧力を求める。

⑤圧力調整ハンドルを少しずつ右に回すと、2次側の圧力計の指針が徐々に上がるので、④で求めた充てん圧力になるまで調節する（水系の消火薬剤は加圧された圧縮ガスを吸収するので、適正圧力に約 0.1MPa を加えた値とする）。

⑥圧力調整器の出口側のバルブを開ける（適正圧力に減圧された窒素ガスが、高圧エアーホースの先端の三方バルブまで通じる）。

⑦消火器のホースをはずし、接続部に継手金具を緊結する。

⑧継手金具に、三方バルブを接続する。

⑨三方バルブを開き、消火器のレバーを握ると、消火器の本体容器に窒素ガスが充てんされる（充圧中は消火器のバルブを開閉しない）。

⑩充てん音がしなくなり、消火器の指示圧力計により充てん圧力に達したことが確認できたら、消火器のレバーを放してバルブを閉じる。続いて、三方バルブを閉じる（この順序を逆にすると、消火薬剤が三方バルブ側に噴出してしまうので注意する）。

⑪安全栓を取り付ける。

⑫継手金具から三方バルブを取りはずす。

　ここまでで、窒素ガスの充てんが完了する。水系の消火器の場合は、しばらく静置してから適正圧力になるのを確認する。

窒素ガスを充てんする際は、器具の接続を確実に行うこと、バルブ類を開閉する順序を間違えないことが重要だ。

5. 気密試験

　蓄圧ガスの充てん後は、気密試験を行い、消火器の各部分からのガスの漏れがないかどうか確認する。気密試験には、消火器を水槽に沈めて、気泡が出ないことを確認する方法がある。漏れがなければ、水分を拭き取ってから継手金具をはずし、ホースを取り付け、安全栓に封をして、消火器をもとの位置に設置する。

1 蓄圧式消火器の分解において、排圧栓のないものは、容器を逆さにしてレバーを徐々に握り、排圧を行う。

排圧栓のあるものは、ドライバーで排圧栓を徐々に開いて排圧する。排圧栓のないものは、容器を逆さにしてレバーを徐々に握り、排圧を行う。

2 消火器のキャップを緩める際は、消火器をクランプ台に固定する。

消火器をクランプ台に固定し、専用のキャップスパナを使用してキャップを緩める。

3 指示圧力計の指針が 0 を示しているときは、排圧を行ってからキャップをはずす。

指示圧力計の指針が 0 を示していても、容器内に圧力が残っていることがあるので、必ず排圧を行ってからキャップをはずす。

⚠ こんな選択肢に注意！

排圧栓がない蓄圧式消火器を分解する際は、~~キャップを徐々に緩めて~~内部の圧力を排出する。

排圧栓がない蓄圧式消火器を分解する際は、容器を逆さにしてレバーを徐々に握り、内部の圧力を排出する。

蓄圧ガスとして窒素ガスを充てんする際は、窒素ガス容器と消火器を~~直接結合させて~~ガスを注入する。

窒素ガス容器は高圧なので、圧力調整器を介して適正圧力に減圧したガスを消火器に注入する。

消火器の点検と整備④
〈ガス加圧式消火器の分解・点検・整備〉

Lesson
11

ここが Point!

ガス加圧式粉末消火器の分解の手順を覚えよう。加圧用
ガス容器と安全栓の取りはずし、取付けの順序に注意。

基礎知識を押さえよう！

1. ガス加圧式消火器の分解・点検の手順

　ここでは、ガス加圧式消火器のうち、小型の粉末消火器の分解・点検の
手順を説明する（小型消火器にガス加圧式があるのは、粉末消火器のみで
ある）。ゴロ合わせ ➡ p.310

①消火器の総質量を測定して、消火薬剤の量を確認する。※

②排圧栓のあるものは、ドライバーを用いて排圧栓を徐々に開き、容器内
　の圧力を完全に排出する。

③消火器をクランプ台に固定し、キャップスパナでキャップを緩める。排
　圧栓のないものは、まずキャップを少し緩め、キャップの側面にある減
　圧孔から残圧が排出されるかどうか確認する。残圧がある場合は、噴き
　出しが止まるまで待ってから、再びキャップを緩める。

④レバー、キャップ、バルブ、サイホン管、加圧用ガス容器等の部分を本
　体容器から抜き取る。

⑤容器内に残っている消火薬剤を取り出す。粉末の消火薬剤をポリ袋に移
　し、吸湿を防ぐために輪ゴムなどで封をする。

⑥プライヤー等を用いて、加圧用ガス容器を取りはずす。

⑦安全栓をはずす（加圧用ガス容器が破封されるのを防ぐため、加圧用ガ
　ス容器を取りはずすまでは、安全栓をはずさないことが重要である）。

⑧サイホン管から、粉上り防止用封板をはずす。ノズル栓のあるものはは
　ずす。

⑨乾燥した圧縮空気等により、本体容器の内外、ノズル、ホース、キャッ

プ、サイホン管等の清掃を行う。

⑩各部品の点検を行う。

※ 放射能力の点検を行う試料については、①の後に放射試験を行う。

蓄圧式消火器との大きな違いは、指示圧力計がないことと、加圧用ガス容器があることですね。

⚡ 加圧用ガス容器の取りはずし

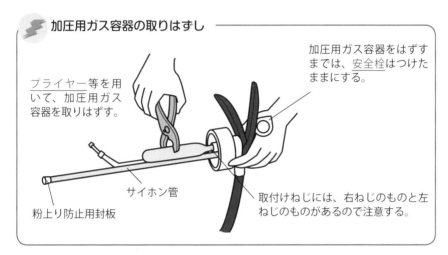

加圧用ガス容器をはずすまでは、安全栓はつけたままにする。

プライヤー等を用いて、加圧用ガス容器を取りはずす。

サイホン管

粉上り防止用封板

取付けねじには、右ねじのものと左ねじのものがあるので注意する。

⚡ 粉末消火器のサイホン管の清掃と通気の確認

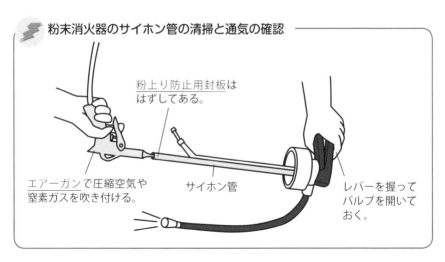

粉上り防止用封板ははずしてある。

エアーガンで圧縮空気や窒素ガスを吹き付ける。

サイホン管

レバーを握ってバルブを開いておく。

◇ガス加圧式消火器の内部及び機能の点検要領（消防庁の告示による）

点検項目		点検方法	判定方法
消火器の内部及び機能	本体容器、消火薬剤の性状、消火薬剤の量、ホース、使用済表示装置、減圧孔（排圧栓を含む）、パッキン、サイホン管、放射能力の点検については、蓄圧式消火器と同じ（p.206 参照）。		
	加圧用ガス容器	①目視により確認する。 ②液化炭酸ガスまたは窒素ガス、混合ガス封板式のものは<u>総質量</u>を測定する。 ③容器弁付窒素ガスのものは<u>内圧</u>を測定する。	①変形、損傷、著しい腐食がなく、封板に損傷がないこと。 ②総質量が許容範囲内にあること。 ③内圧が所定の範囲内にあること。
	カッター及び押し金具	<u>加圧用ガス容器が取りはずされていることを確認して</u>から、レバー、ハンドル等を操作して作動状況を確認する。	変形、損傷等がなく、円滑かつ確実に作動すること。
	開閉式ノズル及び切替式ノズル	レバー等の操作により確認する。	ノズルの開閉または切替操作が円滑かつ確実に作動すること。
	粉上り防止用封板	目視及び手で触れて確認する。	変形、損傷等がないこと。 確実に取り付けられていること。
	ガス導入管	目視及び通気等により確認する。	変形、損傷、詰まり等がないこと。 取付け部の緩みがないこと。 →詰まりのあるものは清掃する。 →取付け部がねじで緩みのあるものは締め直す。

2. 加圧用ガス容器の点検

　加圧用ガス容器には、作動封板を有するものと、容器弁付きのものがある。小型消火器に使用される加圧用ガス容器は、作動封板を有するもので、使用時に消火器のレバーを握ると、カッターにより封板が破られる。加圧用ガスとしては主に二酸化炭素が用いられるが、窒素ガスや、二酸化炭素と窒素の混合ガスを用いるものもある（p.184 参照）。

　大型消火器に使用される加圧用ガス容器には、作動封板を有するものと容器弁付きのものがある。前者は小容量のもので、加圧用ガスには二酸化炭素が、後者は大容量のもので、窒素ガスが用いられている。内容積が $100cm^3$ を超える加圧用ガス容器（作動封板を有するものと容器弁付きの

ものがある）は、高圧ガス保安法の適用を受ける。

　機能点検では、作動封板を有する加圧用ガス容器については総質量を測定する。質量が不足しているものは、消火器に明記されている容器記号のものと交換する※。容器弁付きの加圧用ガス容器については内圧を測定する。圧力が不足しているものは、専門業者に依頼してガスを充てんする。

※ 内容積が 100cm³ 以下のものは、ガスの再充てんができない。

3. 消火薬剤の充てん

　ここでは、手さげ式のガス加圧式粉末消火器に消火薬剤を充てんする際の手順を説明する。

①消火薬剤を詰め替えるときは、メーカー指定の消火薬剤を用意する。

②サイホン管に粉上り防止用封板（新しいもの）を取り付ける。

③ガス導入管の逆流防止装置をもとどおりに取り付ける。

④安全栓を取り付ける。

⑤プライヤー等を用いて、加圧用ガス容器を取り付ける。

⑥消火器の本体容器内に異物や水滴が付いていないか確認する。

⑦本体容器の口金に漏斗を挿入し、規定量の消火薬剤を入れる。

⑧口金やねじ等に付着した粉末薬剤は、刷毛等で除去する。パッキン等は新しいものと交換する。

⑨充てんされた粉末薬剤がふわふわと流動しているうちに、サイホン管等を素早く差し込み、キャップを手で締まるところまで締める。このとき、ホースの向きが本体容器のホース固定位置と合うようにする。

⑩本体容器をクランプ台に固定し、キャップスパナでキャップを締める。

⑪外面に付着している粉末薬剤を拭き取る。

⑫安全栓に封をする。

　分解するときと逆に、必ず安全栓を取り付けてから、加圧用ガス容器を取り付ける。⑨の工程でサイホン管等を素早く差し込まなければならないのは、粉末薬剤が沈降して硬く締まってからでは動かしにくくなるためである。無理に動かすと、サイホン管やガス導入管を損傷するおそれがある。

ゴロ合わせ ➡ p.310

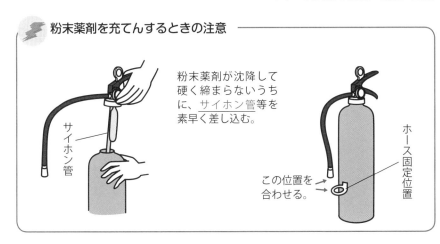

粉末薬剤を充てんするときの注意

粉末薬剤が沈降して硬く締まらないうちに、サイホン管等を素早く差し込む。

サイホン管

この位置を合わせる。

ホース固定位置

ポイントを丸暗記！

1 排圧栓のないガス加圧式消火器の分解では、キャップを緩めるときに減圧孔から残圧が排出されるか確認する。

キャップを少し緩めて、キャップの側面にある減圧孔から残圧が排出されるかどうか確認する。残圧がある場合は、噴き出しが止まるまで待ってから、再びキャップを緩める。

2 ガス加圧式消火器の分解では、必ず、加圧用ガス容器を取りはずしてから安全栓をはずす。

加圧用ガス容器が破封されるのを防ぐために、加圧用ガス容器を取りはずすまでは、安全栓をはずしてはならない。消火器を組み立てるときは、まず安全栓を取り付けてから、加圧用ガス容器を取り付ける。

3 粉末薬剤を充てんしたときは、粉末薬剤がふわふわと流動しているうちに、サイホン管等を素早く差し込む。

充てんされた粉末薬剤がふわふわと流動しているうちに、サイホン管等を素早く差し込み、キャップを手で締まるところまで締める。このとき、ホースの向きが本体容器のホース固定位置と合うようにする。

消火器の点検と整備⑤
〈化学泡消火器の分解・点検・整備〉

Lesson 12

ここが Point!

化学泡消火器の分解の手順、薬剤の充てん方法を覚えよう。薬剤が混ざらないように注意することが重要。

基礎知識を押さえよう！

1. 化学泡消火器の分解・点検の手順

　ここでは、転倒式の化学泡消火器の分解・点検の手順を説明する。転倒式の化学泡消火器は、消火薬剤が密閉されていないので、本体容器を30°以上傾けないように注意して作業する。

①本体容器内に残圧がないか確認する。

②消火器をクランプ台（縦型のもの）に固定し、木製のてこ棒をキャップハンドルに挿入して左回りに回し、キャップを緩める。

③内筒を取り出す。

④内筒、外筒それぞれの消火薬剤の量を、液面表示で確認する。※

⑤消火薬剤を、それぞれ別の容器に移す。

⑥本体容器の内外、ノズル、ホース、キャップ、ろ過網、内筒等を水洗いする。有機溶剤による洗浄は、合成樹脂の部品が溶解・変質するおそれがあるので絶対に避ける。

⑦各部品の点検を行う。

※ 放射能力の点検を行う試料については、④の確認を行った後に再び消火器を組み立てて放射試験を行う。

化学泡消火器の外筒用の消火薬剤（A剤）と内筒用の消火薬剤（B剤）を混ぜると反応してしまうので、作業中に誤って混ぜてしまわないように注意しなければならない。

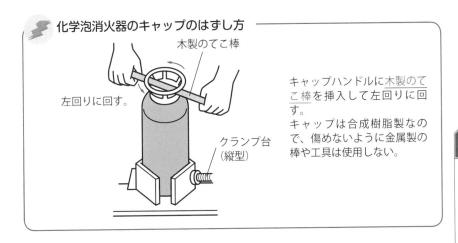

化学泡消火器のキャップのはずし方

木製のてこ棒

左回りに回す。

クランプ台
（縦型）

キャップハンドルに<u>木製のて</u>
<u>こ棒</u>を挿入して左回りに回
<u>す</u>。
キャップは合成樹脂製なの
で、傷めないように金属製の
棒や工具は使用しない。

◇化学泡消火器の内部及び機能の点検要領（消防庁の告示による）

	点検項目	点検方法	判定方法
消火器の内部及び機能	本体容器、消火薬剤の性状、ホース、パッキン、放射能力の点検については、蓄圧式消火器と共通（p.206 参照）。		
	消火薬剤の量	消火薬剤を移す前に<u>液面表示</u>により確認する。	所定の量であること。
	内筒等	目視により確認する。	内筒及び内筒ふた、内筒封板に変形、損傷、<u>腐食</u>、漏れ等がないこと。
	液面表示	目視により確認する。	液面表示が明確であること。
	安全弁	目視または操作により確認する。	変形、損傷、<u>詰まり</u>等がないこと。→詰まりのあるものは<u>清掃</u>する。
	ろ過網	目視により確認する。	腐食、損傷、詰まり等がないこと。→詰まりのあるものは<u>清掃</u>する。

2. 消火薬剤の充てん

　化学泡消火器の消火薬剤は経年劣化しやすく、通常、1年に1回詰め替えを行うこととされている。化学泡消火器の消火薬剤を充てんする場合の手順を、以下に説明する。なお、詰め替え時期になった消火薬剤は、A剤、B剤をそれぞれ別の容器に入れ、廃棄物処理の許可を受けた業者に処理を依頼する。

①外筒、内筒の内外面、キャップを水洗いする。ろ過網、ホース、ノズルの流通部に水を通してよく洗う。

②外筒の液面表示の8割程度まで水を入れ、バケツに移す。

③水の入ったバケツにA剤を少しずつ入れ、撹拌しながら溶かす。

④外筒に漏斗を挿入し、③の水溶液を、泡立てないように静かに注入する。その後、外筒の液面表示に達するまで水を入れる。

⑤内筒の約半分の水を、別のバケツに入れる（同じバケツを使用する場合は、よく水洗いしておく）。

⑥水の入ったバケツにB剤を少しずつ入れ、撹拌しながら溶かす。

⑦内筒に漏斗を挿入し、⑥の水溶液を注入する。その後、内筒の液面表示に達するまで水を入れる。

⑧転倒式の場合、内筒に内筒ふたをセットする。破蓋転倒式の場合、内筒に封板を取り付け、逆さ、横にしても薬剤が漏れないことを確認する。開蓋式の場合、あらかじめ内筒にふたをセットするものは、内筒とふたを確実に締め付け、逆さ、横にしても薬剤が漏れないことを確認する。

⑨内筒の外面を水洗いし、付着した薬剤を洗い流す。

⑩内筒を外筒に静かに挿入する。

⑪本体容器をクランプ台で固定し、木製のてこ棒でキャップを締める。

⑫充てん年月日を記入した点検票を、本体容器に貼付する。

　化学泡消火器に消火薬剤を充てんする際は、消火薬剤の水溶液を作る作業を外筒や内筒の中で行うのでなく、必ずポリバケツ等の別の容器で行うことが重要である。外筒や内筒の中でかき混ぜると、容器の内面の防錆塗膜を傷つけ、腐食の原因となるおそれがある。

　消火薬剤を水に溶かすときは、バケツに水を先に入れ、後から薬剤を少しずつ入れながらよくかき混ぜて、薬剤の粉末が完全に水に溶けるようにする。

ゴロ合わせ ➡ p.310

化学泡消火器は、外観も、内部の構造も、分解や整備の方法も、他の消火器とは大きく異なるので、とても特徴的ですね。

化学泡消火器の消火薬剤（A剤）の充てん

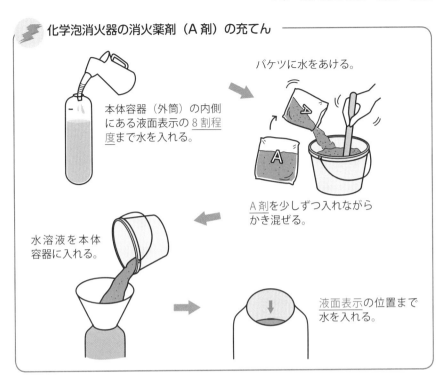

本体容器（外筒）の内側にある液面表示の8割程度まで水を入れる。

バケツに水をあける。

A剤を少しずつ入れながらかき混ぜる。

水溶液を本体容器に入れる。

液面表示の位置まで水を入れる。

ポイントを丸暗記！

1 転倒式の化学泡消火器のキャップを緩めるときは、木製のてこ棒を使用する。

消火器をクランプ台に固定し、木製のてこ棒をキャップハンドルに挿入して左回りに回し、キャップを緩める。合成樹脂製のキャップを傷めないようにするため、金属製の棒や工具は使用しない。

2 化学泡消火器の消火薬剤を充てんする際は、ポリバケツ等の別の容器の中で水溶液を作る。

消火薬剤の水溶液を作る作業は、外筒や内筒の中で行うのでなく、必ずポリバケツ等の別の容器で行う。バケツには、先に水を入れ、薬剤を少しずつ加えながらかき混ぜる。

問　題　▶解答と解説は p.228～236

問題 01

消火器の消火薬剤による分類と加圧方式に関する記述として、誤っているものは次のうちどれか。

1　粉末消火器には、蓄圧式のものとガス加圧式のものがある。
2　二酸化炭素消火器は、蓄圧式である。
3　泡消火器は、反応式のみである。
4　強化液消火器には、蓄圧式のものとガス加圧式のものがある。

➡ Lesson 01

問題 02

強化液消火器に関する記述として、誤っているものは次のうちどれか。

1　消火作用は、冷却作用と抑制作用である。
2　霧状に放射するものは電気火災にも適応する。
3　寒冷地での使用には適さない。
4　大型消火器の一部を除いて蓄圧式である。

➡ Lesson 02

問題 03

化学泡消火器に関する記述として、誤っているものは次のうちどれか。

1　消火薬剤の化学反応により、二酸化炭素を含む多量の泡を発生し、ノズルから放射する。
2　転倒式のものは、本体容器を転倒させることにより、外筒のA剤と内筒のB剤が混ざって反応する。
3　消火作用は、窒息作用と冷却作用である。
4　普通火災、油火災、電気火災に適応する。

➡ Lesson 03

問題 04

　化学泡消火器に設けなければならない部品または表示として、誤っているものは次のうちどれか。

1　指示圧力計
2　安全弁
3　ろ過網
4　液面表示

➡ Lesson 01、03、06

問題 05

　機械泡消火器に関する記述として、誤っているものは次のうちどれか。

1　消火作用は、窒息作用と冷却作用である。
2　消火薬剤の化学反応により、二酸化炭素を含む多量の泡を発生し、ノズルから放射する。
3　消火薬剤としては、水成膜泡または合成界面活性剤泡等の希釈水溶液が用いられる。
4　ノズルから消火薬剤が放射される際に、空気を吸入して発泡する。

➡ Lesson 03

問題 06

　二酸化炭素消火器に関する記述として、誤っているものは次のうちどれか。

1　主な消火作用は、窒息作用である。
2　本体容器は、高圧ガス保安法の適用を受けるため、耐圧試験に合格したものでなければならない。
3　電気火災に適応する。
4　本体容器の塗色は、二酸化炭素が充てんされていることを表示するために、表面積の2分の1以上をねずみ色にしなければならない。

➡ Lesson 04

二酸化炭素消火器、ハロン 1301 消火器の充てん比について、正しい組み合わせは次のうちどれか。

1　二酸化炭素消火器…0.7 以上　　ハロン 1301 消火器…1.2 以上
2　二酸化炭素消火器…1.2 以上　　ハロン 1301 消火器…0.7 以上
3　二酸化炭素消火器…1.2 以上　　ハロン 1301 消火器…0.9 以上
4　二酸化炭素消火器…1.5 以上　　ハロン 1301 消火器…0.9 以上

➡ Lesson 04

手さげ式のガス加圧式粉末消火器に関する記述として、誤っているものは次のうちどれか。

1　サイホン管に逆流防止装置が取り付けられている。
2　放射の機構には、開閉バルブ式と開放式がある。
3　使用時は、レバーを操作して加圧用ガス容器の封板を破り、本体容器内にガスを導入する。
4　外気の侵入により消火薬剤が湿気を帯びることを防ぐために、ノズル栓が設けられているものがある。

➡ Lesson 05

粉末消火器に使用する消火薬剤に関する記述として、誤っているものは次のうちどれか。

1　A 火災、B 火災、C 火災のすべてに適応するものと、B 火災、C 火災に適応するものがある。
2　リン酸アンモニウムを主成分とするものは、紫色に着色されている。
3　消火作用は、窒息作用と抑制作用である。
4　いずれも、乾燥した微細な粉末である。

➡ Lesson 05

問題 10

　ガス加圧式粉末消火器に設けられている部品として、誤っているものは次のうちどれか。

1　粉上り防止用封板
2　加圧用ガス容器
3　指示圧力計
4　逆流防止装置

→ Lesson 05

問題 11

　消火器の実用上の使用温度範囲と蓄圧式消火器の蓄圧力に関する記述として、誤っているものは次のうちどれか。

1　化学泡消火器の使用温度範囲は、0℃以上40℃以下である。
2　強化液消火器の使用温度範囲は、－20℃以上40℃以下である。
3　二酸化炭素消火器、ハロゲン化物消火器を除く蓄圧式消火器の使用圧力範囲は、通常、0.7MPa～0.98MPaとされている。
4　蓄圧式消火器の蓄圧力は、外気温の影響により変化する。

→ Lesson 06

問題 12

　消火器に設けられる指示圧力計に関する記述として、誤っているものは次のうちどれか。

1　指示圧力計の目盛板には、消火器の使用圧力範囲の部分が緑色の帯で示されている。
2　指示圧力計の目盛板には、圧力検出部（ブルドン管）の材質を表す記号が記されている。
3　蓄圧式消火器には、すべて指示圧力計を設けなければならない。
4　指示圧力計によって正確な圧力の数値を読み取ることはできない。

→ Lesson 06

問題 13

消火器の安全栓に関する記述として、誤っているものは次のうちどれか。ただし、選択肢 **1**、**3**、**4** の記述は、手さげ式の消火器のうち、押し金具をたたく 1 動作及びふたをあけて転倒させる動作で作動するもの以外の消火器に設ける安全栓に関するものとする。

1 安全栓のリング部は、黄色にするよう定められている。
2 手さげ式の消火器には、すべて安全栓を設けなければならない。
3 安全栓のリングに指を掛けて上方に引き抜くことにより、消火器のレバーが操作できる状態になる。
4 安全栓は、引き抜く以外の動作では容易に抜けないようにしなければならない。

➡ Lesson 07

問題 14

手さげ式の消火器で、使用済表示装置を設けなければならないものは、次のうちどれか。

1 開閉バルブ式のガス加圧式粉末消火器
2 蓄圧式の強化液消火器
3 化学泡消火器
4 蓄圧式の機械泡消火器

➡ Lesson 07

問題 15

消火器の機器点検のうち、外形の点検(外観点検)に関する記述として、正しいものは次のうちどれか。

1 防火対象物に設置してある消火器について、各階ごとに抜取り方式で点検を行う。
2 1 年に 1 回以上行う。
3 本体容器の溶接部が損傷しているものは、溶接部を補修する。
4 使用済表示装置が脱落しているときは、機能点検を行う。

➡ Lesson 08

問題 16

消火器の機器点検のうち、外形の点検（外観点検）を行った結果、異常が認められた場合の処置について、誤っているものは次のうちどれか。

1　安全栓がはずれているが、使用済表示装置が脱落していない場合は、安全栓をもとに戻しておけばよい。
2　使用済表示装置が取り付けられていない消火器の安全栓がはずれている場合は、内部及び機能の点検（以下、機能点検とする）を行う。
3　二酸化炭素消火器の総質量が不足していた場合は、機能点検を行う。
4　蓄圧式消火器の指示圧力計の指針が緑色の範囲からはずれているときは、機能点検を行う。

➡ Lesson 08

問題 17

消火器の機器点検のうち、内部及び機能の点検の対象となる消火器として、正しいものは次のうちどれか。

1　ガス加圧式粉末消火器は、製造年から3年を経過したものについて、抜取り方式で点検する。
2　化学泡消火器は、製造年から3年を経過したもの全数について点検する。
3　蓄圧式消火器は、製造年から3年を経過したもの全数について点検する。
4　蓄圧式消火器は、製造年から5年を経過したもの全数について点検する。

➡ Lesson 09

問題 18

消火器の内部及び機能の点検を抜取り方式で行う場合の試料の抜き取り方について、正しいものは次のうちどれか。

1　製造年が同じものを同一ロットとする。
2　消火器の種類、メーカー、加圧方式が同一のものを1ロットとする。
3　蓄圧式消火器で製造年から8年を超えるものは、別ロットとする。
4　ガス加圧式粉末消火器で製造年から3年を超え8年以下のものは、5年でロット全数の確認が終了するようにする。

➡ Lesson 09

問題 19

蓄圧式消火器の分解に関する記述として、誤っているものは次のうちどれか。

1　排圧栓のあるものは、ドライバーを用いて排圧栓を徐々に開き、容器内の圧力を完全に排出する。
2　排圧栓のないものは、キャップを徐々に緩めて排圧を行う。
3　排圧時に指示圧力計の指針が徐々に下がり、0になるのを確認する。
4　キャップを緩める際は、消火器をクランプ台に固定する。

➡ Lesson 10

問題 20

蓄圧式消火器の消火薬剤と蓄圧ガスの充てんに関する記述として、誤っているものは次のうちどれか。

1　消火薬剤は、メーカーが指定するものを使用する。
2　パッキンは、分解後によく洗浄してからもとどおりに装着する。
3　窒素ガスにより蓄圧する場合は、圧力調整器を介して窒素ガス容器と消火器を接続する。
4　蓄圧ガスの充てん後に、気密試験を行う。

➡ Lesson 10

問題 21

ガス加圧式粉末消火器の分解に関する記述として、誤っているものは次のうちどれか。

1　排圧栓のあるものは、ドライバーを用いて排圧栓を徐々に開き、容器内の圧力を完全に排出する。
2　排圧栓のないものは、キャップを少し緩め、キャップの側面にある減圧孔から残圧が排出されるかどうか確認する。
3　容器から取り出した消火薬剤は、ポリ袋に移し、輪ゴムなどで封をする。
4　安全栓をはずしてから、プライヤー等を用いて、加圧用ガス容器を取りはずす。

➡ Lesson 11

問題22

　ガス加圧式粉末消火器の消火薬剤の充てんに関する記述として、誤っているものは次のうちどれか。

1　粉上り防止用封板は、新しいものと取り替える。
2　逆流防止装置をもとどおりに取り付ける。
3　安全栓を取り付けてから、加圧用ガス容器を取り付ける。
4　充てんされた粉末消火薬剤が沈降するまでしばらく待ってから、サイホン管を差し込む。

➡ Lesson 11

問題23

　転倒式の化学泡消火器の分解に関する記述として、誤っているものは次のうちどれか。

1　本体容器を30°以上傾けないように注意して作業する。
2　消火器を固定し、木製のてこ棒をキャップハンドルに挿入して左回りに回し、キャップを緩める。
3　内筒、外筒の消火薬剤を、それぞれ別の容器に移す。
4　本体容器の内外、ノズル、ホース、キャップ、ろ過網、内筒等を有機溶剤で洗浄する。

➡ Lesson 12

問題24

　化学泡消火器の消火薬剤の充てんに関する記述として、誤っているものは次のうちどれか。

1　外筒の液面表示の8割程度まで水を入れ、続いてA剤を少しずつ入れて、本体容器の中で攪拌しながら溶かす。
2　内筒の約半分の水をバケツに入れ、B剤を少しずつ入れて、攪拌しながら溶かす。
3　転倒式の場合、内筒に内筒ふたをセットする。
4　本体容器をクランプ台で固定し、木製のてこ棒でキャップを締める。

➡ Lesson 12

問題 01　**正解**　3

1　○　粉末消火器には、蓄圧式のものとガス加圧式のものがある。ガス加圧式のものがあるのは、<u>強化液消火器</u>、<u>機械泡消火器</u>、粉末消火器である。
2　○　二酸化炭素消火器は、蓄圧式である。二酸化炭素消火器の場合、消火薬剤そのものが放射のための圧力源になっている。
3　×　泡消火器には、<u>化学泡消火器</u>と<u>機械泡消火器</u>がある。化学泡消火器は、反応式である。機械泡消火器には、蓄圧式のものとガス加圧式のものがある（ガス加圧式は、大型消火器の一部）。
4　○　強化液消火器には、蓄圧式のものとガス加圧式のものがある（ガス加圧式は、大型消火器の一部）。

➡ 間違えた人は、Lesson 01 を復習しよう。

問題 02　**正解**　3

1　○　強化液消火薬剤には、水による<u>冷却作用</u>のほかに、アルカリ金属イオン等による<u>抑制作用</u>（負触媒作用）がある。
2　○　<u>霧</u>状に放射する強化液消火器は、A 火災（普通火災）、B 火災（油火災）、C 火災（電気火災）に適応する。
3　×　強化液消火薬剤は凝固点が<u>− 20</u>℃以下で、使用温度範囲の下限が− 20℃に拡大されているので、寒冷地での使用にも適する。
4　○　強化液消火器は、大型消火器の一部を除いて<u>蓄圧</u>式である。

➡ 間違えた人は、Lesson 02 を復習しよう。

問題 03　**正解**　4

1　○　消火薬剤の化学反応により、<u>二酸化炭素</u>を含む多量の泡が発生し、その二酸化炭素が圧力源となって、ノズルから泡を放射するしくみである。
2　○　転倒式の化学泡消火器は、本体容器を<u>転倒</u>させることにより、外筒の<u>A</u>剤（アルカリ性）と内筒の<u>B</u>剤（酸性）が混ざって反応する。
3　○　化学泡消火器の消火作用は、泡による<u>窒息</u>作用と、<u>冷却</u>作用である。
4　×　泡消火器は、<u>電気</u>火災には適応しない。

➡ 間違えた人は、Lesson 03 を復習しよう。

問題 04　**正解**　1

1　×　指示圧力計を取り付けなければならないのは、二酸化炭素消火器、ハロン 1301 消火器を除く蓄圧式の消火器である。化学泡消火器は、使用時のみ本体容器に内圧がかかる加圧式（反応式）なので、指示圧力計は必要ない。

2　○　化学泡消火器には、容器内の圧力が異常に上昇したときに、圧力を排出するための安全弁を取り付けなければならない。

3　○　化学泡消火器には、異物によるノズルの詰まりを防止するためのろ過網を取り付けなければならない。

4　○　化学泡消火器の外筒と内筒には、消火薬剤の量が適正であることを示す液面表示を設けなければならない。

　➡ 間違えた人は、Lesson 01、03、06 を復習しよう。

問題 05　**正解**　2

1　○　機械泡消火器の消火作用は、泡による窒息作用と、冷却作用である。

2　×　機械泡消火器は、発泡ノズルから消火薬剤が放射される際に、空気を吸入して発泡する。選択肢の文は、化学泡消火器の説明になっている。

3　○　機械泡消火器の消火薬剤としては、水成膜泡または合成界面活性剤泡等の希釈水溶液が用いられる。

4　○　2 の解説を参照。

　➡ 間違えた人は、Lesson 03 を復習しよう。

問題 06　**正解**　4

1　○　主な消火作用は、二酸化炭素による窒息作用である。

2　○　二酸化炭素消火器の本体容器は、高圧ガス保安法の適用を受けるため、耐圧試験に合格したものでなければならない。ハロン 1301 消火器、ハロン 1211 消火器も同様である。

3　○　二酸化炭素消火器は、B 火災（油火災）、C 火災（電気火災）に適応する。

4　×　本体容器の塗色は、二酸化炭素が充てんされていることを表示するために、表面積の 2 分の 1 以上を緑色にしなければならない。消火器の規格により、消火器の外面の 25％以上を赤色にするよう定められているので、二酸化炭素消火器の本体容器は、緑色と赤色に塗り分けられている。

　➡ 間違えた人は、Lesson 04 を復習しよう。

　二酸化炭素消火器、ハロン 1301 消火器、ハロン 1211 消火器については、充てん比の規定がある。充てん比とは、本体容器の内容積と充てんする消火薬剤の質量の比で、それぞれの消火器の充てん比は、以下のようにしなければならない。
・二酸化炭素消火器：1.5 以上
・ハロン 1301 消火器：0.9 以上
・ハロン 1211 消火器：0.7 以上

➡ 間違えた人は、Lesson 04 を復習しよう。

1　×　逆流防止装置は、ガス導入管に取り付けられている。サイホン管には、粉上り防止用封板が取り付けられている。
2　○　手さげ式のガス加圧式粉末消火器の放射の機構には、開閉バルブ式と開放式がある。粉末（ABC）消火器で消火薬剤量 3kg 以下のものは、原則として開放式になっている。
3　○　使用時は、レバーを操作して加圧用ガス容器の封板を破り、本体容器内にガスを導入する。レバーの操作によりカッターが押し下げられて、封板を破るしくみになっている。
4　○　手さげ式のガス加圧式粉末消火器には、外気の侵入により消火薬剤が湿気を帯びることを防ぐために、ノズル栓が設けられているものがある。

➡ 間違えた人は、Lesson 05 を復習しよう。

1　○　リン酸アンモニウムを主成分とする粉末消火薬剤は、A 火災（普通火災）、B 火災（油火災）、C 火災（電気火災）のすべてに適応する。それ以外の粉末消火薬剤は、B 火災、C 火災に適応する。
2　×　リン酸アンモニウムを主成分とする粉末消火薬剤は、淡紅色に着色されている。
3　○　粉末消火薬剤の消火作用は、窒息作用と抑制作用である。
4　○　粉末消火薬剤は、いずれも、乾燥した 180 マイクロメートル以下の微細な粉末である。

➡ 間違えた人は、Lesson 05 を復習しよう。

問題 10　**正解**　3

指示圧力計は、蓄圧式の消火器に設けられる。

➡ 間違えた人は、Lesson 05 を復習しよう。

問題 11　**正解**　1

1　× 　化学泡消火器の使用温度範囲は、5℃以上 40℃以下である。化学泡消火器は、放射の機構が化学反応によるもので、反応速度が低下する低温の状態では性能が劣化するため、使用温度範囲の下限が高くなっている。

2　○ 　強化液消火器の実用上の使用温度範囲は、－ 20℃以上 40℃以下である。総務省令により定められた化学泡消火器以外の消火器の使用温度範囲は、0℃以上 40℃以下であるが、性能が損なわれない場合は使用温度範囲を 10℃単位で拡大することができる。

3　○ 　二酸化炭素消火器、ハロゲン化物消火器を除く蓄圧式消火器の使用圧力範囲は、通常、0.7MPa ～ 0.98MPa とされている。容器の圧力が 1MPaを超えると、高圧ガス保安法の適用を受けるので、使用温度範囲における蓄圧力が 1MPa を超えないようにしている。

4　○ 　蓄圧式消火器の蓄圧力は、外気温の影響を受けて変化する。容器が密閉されているため、体積がほぼ一定なので、ボイル・シャルルの法則により、蓄圧ガスの圧力は絶対温度に比例して変動すると考えられる。

➡ 間違えた人は、Lesson 06 を復習しよう。

問題 12　**正解**　3

1　○ 　指示圧力計の目盛板には、消火器の使用圧力範囲の部分が緑色の帯で示されている。指針がこの範囲にあれば、圧力は適正である。

2　○ 　指示圧力計の目盛板には、圧力検出部（ブルドン管）の材質を表す記号が記されている。「SUS」の記号は、ステンレス鋼製であることを表す。

3　× 　指示圧力計は、二酸化炭素消火器、ハロン 1301 消火器を除く蓄圧式消火器に取り付けなければならない。

4　○ 　指示圧力計には細かい目盛りが付いていないので、正確な圧力の数値を読み取ることはできない。指示圧力計の精度を確認する場合は、標準圧力計を用いる。

➡ 間違えた人は、Lesson 06 を復習しよう。

問題 13　正解　2

1　○　消火器の規格により、安全栓のリング部は、黄色にするよう定められている（手さげ式の消火器のうち押し金具をたたく１動作及びふたをあけて転倒させる動作で作動するもの以外の消火器並びに据置式の消火器の安全栓に関する規格による。**3**、**4**についても同様）。

2　×　安全栓は、転倒の１動作で作動する消火器、手動ポンプにより作動する水消火器を除く消火器に設けなければならない。転倒の１動作で作動する消火器とは、手さげ式の転倒式化学泡消火器のことであるから、手さげ式の消火器にすべて安全栓を設けなければならないという記述は誤りである。手動ポンプ式の水消火器は、現在製造されていない。

3　○　安全栓のリング部は、軸部が貫通する上レバーの穴から上方に引き抜くように装着されている。

4　○　消火器の誤作動を防止するために、安全栓は、引き抜く以外の動作では容易に抜けないようにしなければならない。

➡ 間違えた人は、Lesson 07 を復習しよう。

問題 14　正解　1

　使用済表示装置の装着が義務づけられているのは、以下のものを除く手さげ式消火器である。

・指示圧力計のある蓄圧式消火器
・バルブを有しない消火器
・手動ポンプにより作動する水消火器（現在は製造されていない）

　選択肢のうち、**2**の蓄圧式強化液消火器と**4**の蓄圧式機械泡消火器には、指示圧力計が取り付けられているので、使用済表示装置を設けなくてもよい。**3**の化学泡消火器にはバルブがないので、使用済表示装置を設けなくてもよい。選択肢には挙げられていないが、バルブのない開放式のガス加圧式粉末消火器についても同様である。

　なお、使用済表示装置は、装着が義務づけられていない消火器にも、メーカーが自主的に装着している場合がある。

➡ 間違えた人は、Lesson 07 を復習しよう。

問題 15 　**正解**　4

1　×　消火器の外形の点検（外観点検）は、防火対象物に設置してある消火器の全数について行う。

2　×　消火器の外形の点検（外観点検）は、6 か月に 1 回以上行う。

3　×　本体容器の溶接部が損傷しているものは、廃棄処分にする。

4　○　使用済表示装置が脱落しているときは、消火器が操作されたと考えられるので、機能点検を行う。

→ 間違えた人は、Lesson 08 を復習しよう。

問題 16 　**正解**　3

1　○　安全栓がはずれているが、使用済表示装置が脱落していない場合は、消火器が使用されたおそれはないと考えられるので、安全栓をもとに戻しておけばよい。

2　○　使用済表示装置が取り付けられていない消火器の場合、安全栓がはずれているときは、消火器が使用された可能性を疑わなければならないので、機能点検を行う。

3　×　二酸化炭素消火器の総質量を測定した結果、質量が不足していた場合は、専門業者に充てんを依頼する。二酸化炭素消火器の本体容器は、高圧ガス保安法の適用を受けるので、機能点検の対象外となっている。

4　○　蓄圧式消火器の指示圧力計の指針が緑色の範囲からはずれているときは、機能点検を行う。指針が緑色の範囲よりも低いときは、ガス漏れの可能性がある。指針が緑色の範囲よりも高く、指示圧力計の故障でない場合は、圧力調整を行う。

→ 間違えた人は、Lesson 08 を復習しよう。

問題 17 　**正解**　1

1　○　ガス加圧式消火器は、製造年から 3 年を経過したものが内部及び機能の点検（以下、機能点検とする）の対象となる。粉末消火器については、機能点検を抜取り方式で行うことができる。

2　×　化学泡消火器は、設置後 1 年を経過したもの全数について機能点検を実施する。

3　×　蓄圧式消火器（二酸化炭素消火器とハロゲン化物消火器を除く）は、製造年から 5 年を経過したものが機能点検の対象となる。蓄圧式消火器に

ついては、機能点検を抜取り方式で行うことができる。

4　×　3 の解説を参照。

➡ 間違えた人は、Lesson 09 を復習しよう。

問題 18 ● 正解　4

1　× 消火器の種類、大型・小型の種別、加圧方式が同一のものを 1 ロットとする。

2　×　1 の解説を参照。

3　× 蓄圧式消火器で製造年から 10 年を超えるものは、別ロットとする。

4　○ ガス加圧式粉末消火器で製造年から 3 年を超え 8 年以下のものは、5 年でロット全数の確認が終了するように、製造年の古いものから試料を抽出する。製造年から 8 年を超えるものは、2.5 年でロット全数の確認が終了するように、製造年の古いものから試料を抽出する。

➡ 間違えた人は、Lesson 09 を復習しよう。

問題 19 ● 正解　2

蓄圧式消火器は、本体容器に圧縮ガスが充てんされ、内圧がかかっているので、分解する際は排圧作業が必要である。排圧栓のあるものは、ドライバーを用いて排圧栓を徐々に開き、容器内の圧力を完全に排出する。排圧栓のないものは、容器を逆さにしてレバーを徐々に握り、排圧を行う。

➡ 間違えた人は、Lesson 10 を復習しよう。

問題 20 ● 正解　2

1　○ 消火薬剤を詰め替える場合は、メーカー指定のものを用意する。

2　× パッキンは、新しいものと交換する。

3　○ 窒素ガスにより蓄圧する場合は、圧力調整器を介して、窒素ガス容器と消火器を接続し、適正圧力まで減圧したガスを消火器に充てんする。

4　○ 蓄圧ガスの充てん後は、気密試験を行い、ガス漏れの有無を確認する。

➡ 間違えた人は、Lesson 10 を復習しよう。

問題21 　正解　4

1　○　加圧式消火器でも、開閉バルブ式で、放射を中止したものなどは、本体容器に内圧がかかっていることがあるので、分解する際は、残圧の有無を確認し、残圧があれば排圧作業を行う必要がある。排圧栓のあるものは、ドライバーを用いて排圧栓を徐々に開き、容器内の圧力を完全に排出する。

2　○　排圧栓のないものは、キャップを少し緩め、キャップの側面にある減圧孔から残圧が排出されるかどうか確認する。残圧がある場合は、噴き出しが止まるまで待ってから、再びキャップを緩める。

3　○　容器から取り出した粉末消火薬剤は、ポリ袋に移し、吸湿を防ぐために輪ゴムなどで封をする。

4　×　加圧用ガス容器が破封されるのを防ぐため、必ず、加圧用ガス容器を取りはずしてから、安全栓をはずす。

→ 間違えた人は、Lesson 11 を復習しよう。

問題22 　正解　4

1　○　サイホン管に取り付ける粉上り防止用封板は、新しいものと取り替える。

2　○　ガス導入管に、逆流防止装置をもとどおりに取り付ける。

3　○　加圧用ガス容器が破封されるのを防ぐため、必ず、安全栓を取り付けてから、加圧用ガス容器を取り付ける。分解の手順とは逆になる。

4　×　充てんされた粉末消火薬剤がふわふわと流動しているうちに、素早くサイホン管を差し込む。粉末薬剤が沈降して硬く締まってからでは、サイホン管等を動かしにくくなる。

→ 間違えた人は、Lesson 11 を復習しよう。

問題23 　正解　4

1　○　転倒式の化学泡消火器は、消火薬剤が密閉されていないので、大きく傾けると、外筒と内筒の消火薬剤が混ざって反応するおそれがある。

2　○　キャップは合成樹脂製なので、傷めないように木製のてこ棒をキャップハンドルに挿入して左回りに回し、キャップを緩める。金属製の棒や工具は使用しない。

3　○　内筒、外筒の消火薬剤の量を液面表示で確認してから、それぞれ別の容器に移す。

4 × 本体容器の内外、ノズル、ホース、キャップ、ろ過網、内筒等の洗浄は、
       水洗いで行う。有機溶剤の使用は、合成樹脂製の部品が溶解・変質する
       おそれがあるので避ける。

    ➡ 間違えた人は、Lesson 12 を復習しよう。

問題24 　**正解** 　1

1 × 外筒の液面表示の 8 割程度まで水を入れ、バケツに移す。そのバケツに、
       A 剤を少しずつ入れて、攪拌しながら溶かす。外筒に漏斗を挿入し、バ
       ケツの水溶液を、泡立てないように静かに注入する。その後、外筒の液
       面表示に達するまで水を入れる。
2 ○ 内筒の約半分の水をバケツに入れ、B 剤を少しずつ入れて、攪拌しなが
       ら溶かす。内筒に漏斗を挿入し、バケツの水溶液を注入する。その後、
       内筒の液面表示に達するまで水を入れる。
3 ○ 転倒式の場合、内筒に内筒ふたをセットする。破蓋転倒式の場合、内筒
       に封板を取り付け、逆さ、横にしても薬剤が漏れないことを確認する。
       開蓋式の場合、あらかじめ内筒にふたをセットするものは、内筒とふた
       を確実に締め付け、逆さ、横にしても薬剤が漏れないことを確認する。
4 ○ 本体容器をクランプ台で固定し、木製のてこ棒でキャップを締める。金
       属製の工具は使用しない。

    ➡ 間違えた人は、Lesson 12 を復習しよう。

5章
消火器の規格

まず、これだけ覚えよう！

この章では、消火器の規格について説明する。その前に、1章で取り上げた消防用機械器具等の検定制度と、消火器の規格との関係を理解しておこう。

①消火器の規格と検定制度

　消火器に関する規格は、「消火器の技術上の規格を定める省令」「消火器用消火薬剤の技術上の規格を定める省令」により定められている。その内容の一部は、すでに前章や2章でも取り上げているが、本章ではさらにくわしく、全般にわたって説明する。

　消火器やその部品、消火器に充てんする消火薬剤がこれらの規格に適合しているかどうかを調べる手続きが、1章のLesson 15で取り上げた、消防用機械器具等の検定制度である。検定の対象となる機械器具等に、「消火器」「消火器用消火薬剤（二酸化炭素を除く※）」が含まれていることを確認しよう（p.67参照）。

※ 二酸化炭素は非常に安定した気体で、経年による変質等のおそれがほとんどないことなどから、消火薬剤の中では唯一、検定の対象になっていない。

　検定制度は、型式承認と型式適合検定からなる。型式承認とは「検定対象機械器具等の型式に係る形状等が、総務省令で定める技術上の規格に適合している旨の承認」である。消火器と消火器用消火薬剤については、冒頭に記した2つの省令が「総務省令で定める技術上の規格」となる。

　型式適合検定とは、個々の機械器具等の形状等が、型式承認を受けた形状等に適合しているかどうかを調べるもので、検定に合格した機

械器具等には、その機械器具等の型式が型式承認を受けたものであり、かつ、その機械器具等が型式適合検定に合格したものである旨の表示が付される。

　消火器、消火薬剤に付される検定合格表示は、下図のものである。

10mm

消火器に付される
検定合格表示

15mm

消火薬剤に付される検定合格表示

「証」と「印」の文字の部分と大きさだけが異なる。

　消火器、消火薬剤ともに、このような検定合格表示が付されているものでなければ、販売し、または販売の目的で陳列することができない。また、検定合格表示が付されていない消火器を、設置、変更、または修理の請負に関する工事に使用してはならない。

②型式失効になった場合

　消火器の規格が変更された場合、すでに型式承認を受け、型式適合検定に合格して実際に販売され、使用されていた消火器が、変更後の規格に適合しなくなることがある。このような場合は、総務大臣が型式承認の効力を失わせ、または一定の期間が経過した後に型式承認の効力が失われるものとするよう定められている。型式承認の効力が失われることを、型式失効という（p.69 参照）。

　2011 年に消火器の表示に関する規格が変更されたために、変更前の旧型式の消火器は型式失効となり、その時点ですでに設置されていたものも、特例期間が終了する 2021 年末までには、すべて交換しなければならなかった。

消火器の規格①
〈能力単位・放射性能等〉

Lesson 01

ここが Point!

大型消火器に必要とされる能力単位と、消火薬剤の充てん量を覚えよう。

基礎知識を押さえよう！

1. 能力単位

　能力単位とは、消火器の消火性能を表す数値で、「消火器の技術上の規格を定める省令」（以下、この章において規格省令とする）により定められた消火試験により測定される（p.92 参照）。

　能力単位には、A 火災に対する能力単位、B 火災に対する能力単位がある。C 火災（電気火災）については、能力単位は定められておらず、消火器には、C 火災に適応するかどうかだけが表示される。例えば、A 火災に対する能力単位が 3、B 火災に対する能力単位が 7 で、C 火災にも適応する消火器の場合、能力単位の表示は「A-3・B-7・C」となる。

　消火器※は、A 火災または B 火災に対する能力単位が 1 以上でなければならない。大型消火器の能力単位は、A 火災に適応するものは 10 以上、B 火災に適応するものは 20 以上でなければならない。

※ 住宅用消火器、交換式消火器（本体容器、キャップ、バルブ、指示圧力計等を一体として交換できる消火器で、収納容器に結合させることにより人が操作して消火を行うもの）を除く。以下、この章において同様とする。

2. 消火薬剤の充てん量と大型消火器の区分

　大型消火器の消火薬剤の充てん量は、消火器の種別により、以下のように定められている。

- 水消火器・化学泡消火器…80L 以上
- 強化液消火器…60L 以上

- 機械泡消火器…20L 以上
- 二酸化炭素消火器…50kg 以上
- ハロゲン化物消火器…30kg 以上
- 粉末消火器…20kg 以上

　前項の能力単位による要件を満たし、かつ、規定量以上の消火薬剤を充てんしているものが、大型消火器とみなされる。

消火薬剤の充てん量は、水系の消火器は容量、それ以外のものは質量で表されていることに注意しよう。

3. 消火器の放射性能
ゴロ合わせ ➡ p.311

　消火器は、正常な操作方法で放射した場合において、以下のような放射性能を有するものでなければならない。
- 放射の操作が完了した後、すみやかに消火薬剤を有効に放射すること。
- 放射時間は、温度20℃において 10 秒以上であること。
- 消火に有効な放射距離を有すること。
- 充てんされた消火剤の容量または質量の 90%（化学泡消火器は 85%）以上の量を放射できること。

4. 消火器の使用温度範囲

　消火器は、その種類に応じ、下記の温度範囲で使用した場合において、正常に操作することができ、かつ、消火及び放射の機能を有効に発揮することができるものでなければならない。
- 化学泡消火器以外の消火器…0℃以上 40℃以下
- 化学泡消火器…5℃以上 40℃以下

　消火器の性能に支障がない場合は、10℃単位で使用温度範囲を拡大することができる（p.187 参照）。

01 消火器の規格①〈能力単位・放射性能等〉

5. 耐食と防錆

消火器は、その各部分を良質の材料で作るとともに、充てんした消火薬剤に接触する部分を、その消火薬剤に侵されない材料で作り、またはその部分に耐食加工を施さなければならない。また、外気に接触する部分を容易にさびない材料で作り、またはその部分に防錆加工を施さなければならない。

6. 運搬方式

消火器の運搬方式については、保持装置及び背負ひもまたは車輪の質量を除く部分の質量によって、以下のように定められている。

* 28kg 以下のもの…手さげ式、据置式または背負式
* 28kg を超え 35kg 以下のもの…据置式、車載式または背負式
* 35kg を超えるもの…車載式

7. 自動車に設置できる消火器

自動車に設置する消火器は、強化液消火器（霧状の強化液を放射するものに限る）、機械泡消火器、ハロゲン化物消火器、二酸化炭素消火器または粉末消火器でなければならない。また、所定の振動試験に合格したものでなければならない。

現在製造されている消火器で、自動車に設置できないものは、水消火器、棒状放射の強化液消火器、化学泡消火器である。自動車の火災では、燃料のガソリンや軽油が燃焼するおそれがあるので、B火災に適応しない水消火器や棒状放射の強化液消火器は、自動車用消火器として適当でないことは明らかである。化学泡消火器は、自動車に設置した場合、運転中の振動で外筒と内筒の消火薬剤が混ざって反応し、消火薬剤が放射されてしまうおそれがある。

自動車に設置できない消火器は、その理由を考えてみれば、覚えるのは簡単ですね。

8. 住宅用消火器

　住宅用消火器については、試験に出題されることが少ないので、本書では基本的に取り上げていないが、ここで簡単に説明しておく。

　住宅用消火器は、住宅における使用に適した構造及び性能を有するものであり、蓄圧式の消火器で、かつ、消火剤を再充てんできない構造でなければならない。また、住宅用消火器は、普通火災、天ぷら油火災、ストーブ火災、電気火災に適応するものでなければならない（適応火災の絵表示は、業務用消火器とは異なるものである）。塗色を赤色にすることは義務づけられていない。

ポイントを丸暗記！

1 **消火器は、Ａ火災またはＢ火災に対する能力単位が 1 以上でなければならない。**

大型消火器の能力単位は、Ａ火災に適応するものは 10 以上、Ｂ火災に適応するものは 20 以上でなければならない。

2 **消火器の放射時間は、温度 20℃において 10 秒以上でなければならない。**

正常な操作方法で放射した場合に、すみやかに消火薬剤を有効に放射すること、充てんされた消火剤の容量または質量の 90%（化学泡消火器は 85%）以上の量を放射できること、消火に有効な放射距離を有することが必要である。

3 **自動車に設置できない消火器は、水消火器、棒状放射の強化液消火器、化学泡消火器である。**

Ｂ火災に適応しない水消火器や棒状放射の強化液消火器は、自動車用消火器として適当でない。化学泡消火器を自動車に設置すると、運転中の振動で消火薬剤が混ざって反応し、消火薬剤が放射されるおそれがある。

消火器の規格②
〈操作の機構〉

Lesson
02

ここが Point!

消火器の種類や運搬方式により定められている動作数と
操作方法を覚えよう。

基礎知識を押さえよう！

1. 消火器の動作数

　消火器は、保持装置（p.257 参照）から取りはずす動作、背負う動作、安
全栓をはずす動作及びホースをはずす動作を除き、以下の動作数以内で容
易に、かつ、確実に放射を開始することができるものでなければならない。

- 手さげ式消火器（化学泡消火器を除く）…1 動作
- 化学泡消火器、据置式の消火器、背負式の消火器…2 動作以内
- 車載式消火器…3 動作以内

　手さげ式消火器は、レバーを握る 1 動作により放射を開始するものが
ほとんどである。現在製造されている手さげ式消火器で、レバーを握る以
外の動作で放射を開始するものには、化学泡消火器がある。手さげ式の化
学泡消火器の操作方法には、以下の 2 種類がある。

- ひっくり返すこと（1 動作）により放射を開始するもの…転倒式
- ふたを開けてひっくり返すこと（2 動作）により放射を開始するもの
　…破蓋転倒式

　破蓋転倒式の化学泡消火器の操作方法は、①押し金具を押して内筒の封
板を破る（ふたを開ける）、②ひっくり返す、の 2 動作となる。

　消火器は、火災が起きたときには誰でも簡単に使用できる
ように、操作方法が単純でわかりやすく、誤動作のおそれ
が少ないものでなければならない。

◇**手さげ式消火器の操作方法に関する規格（規格省令第5条第2項による）**

消火器の区分		操作方法				
		レバーを握る	押し金具をたたく	ひっくり返す	ふたを開けてひっくり返す	ハンドルを上下する
水消火器	手動ポンプにより作動するもの※					●
	その他のもの	○				
酸アルカリ消火器※		●	●			
強化液消火器	A火災またはB火災に対する能力単位が1を超えるもの	○				
	その他のもの	○	○			
泡消火器		○（機械泡）		○（化学泡）	○（化学泡）	
二酸化炭素消火器・ハロゲン化物消火器※	B火災に対する能力単位が1を超えるもの	○				
	B火災に対する能力単位が1のもの	○	●			
粉末消火器	消火薬剤の質量が1kgを超えるもの	○				
	その他のもの	○	●			

※ 手動ポンプにより作動する水消火器、酸アルカリ消火器、ハロゲン化物消火器と、●印の付いているものは、現在製造されていない。

　規格省令においては、手さげ式消火器の操作方法は上表のように定められている。手さげ式消火器は、「レバーを握る」ことにより操作するものが中心で、能力単位が1を超えない強化液消火器など、一部の消火器については、「押し金具をたたく」操作方法も認められている。

　化学泡消火器だけは、操作方法が他のものと異なっている。化学泡消火器は、外筒と内筒の消火薬剤の化学反応により消火薬剤を放射するしくみなので、外筒と内筒の消火薬剤を混ぜるために「ひっくり返す」動作が必要となる。

02
消火器の規格②〈操作の機構〉

2. 操作方法の表示

消火器の安全栓、ハンドル、レバー、押ボタン等の操作部分には、操作方法を、見やすい箇所に簡明に、かつ、消えないように表示しなければならない。

ゴロ合わせで覚えよう！

消火器の動作数

謝罪会見？ もううんざり！
（車載式）

仏の顔も 三度まで
　　　（3 動作以内）

⇨ 消火器の動作数は、化学泡消火器を除く手さげ式消火器が 1 動作、化学泡消火器、据置式の消火器、背負式の消火器が 2 動作以内、車載式消火器が 3 動作以内と定められている。

ポイントを 丸 暗記！

1 　化学泡消火器を除く手さげ式消火器は、1 動作で容易かつ確実に放射を開始できるものでなければならない。

手さげ式消火器は、レバーを握る 1 動作により放射を開始するものがほとんどである。能力単位が 1 を超えない強化液消火器など、一部の消火器については、押し金具をたたく操作方法も認められている。

2 　化学泡消火器は、2 動作以内で容易かつ確実に放射を開始することができるものでなければならない。

化学泡消火器、据置式の消火器、背負式の消火器は 2 動作以内で、車載式消火器は 3 動作以内で、容易かつ確実に放射を開始することができるものでなければならない。

消火器の規格③
〈表示・塗色〉

ここが Point!

消火器の表示に記載しなければならない事項、絵表示の色と大きさ、本体容器の塗色に関する規定を覚えよう。

基礎知識を押さえよう！

1. 消火器の表示

　消火器には、見やすい位置に、以下に掲げる事項を記載した簡明な表示をしなければならない。

①消火器の区別（水消火器、酸アルカリ消火器、強化液消火器、泡消火器、ハロゲン化物消火器、二酸化炭素消火器または粉末消火器）

②住宅用消火器でない旨（例：「業務用消火器」と表示する）

③加圧式の消火器・蓄圧式の消火器の区別

④使用方法（手さげ式、据置式の消火器にあっては、併せて図示すること）

⑤使用温度範囲

⑥B火災または電気火災（C火災）に使用してはならない消火器にあってはその旨

⑦A火災またはB火災に対する能力単位の数値

⑧放射時間

⑨放射距離

⑩製造番号

⑪製造年

⑫製造者名

⑬型式番号（自動車用消火器を除く）

⑭耐圧試験に用いた圧力値

⑮安全弁の作動圧力値（安全弁があるもの）

⑯充てんされた消火剤の容量または質量

⑰総質量（充てんされた消火剤を容量で表すものを除く）

⑱ホースの有効長（据置式の消火器に限る）

⑲取扱い上の注意事項として次に掲げる事項

• 加圧用ガス容器に関する事項（加圧式の消火器に限る）

• 指示圧力計に関する事項（蓄圧式の消火器に限る）

• 標準的な使用期間または使用期限※

• 使用時の安全な取扱いに関する事項

• 維持管理上の適切な設置場所に関する事項

• 点検に関する事項

• 廃棄時の連絡先及び安全な取扱いに関する事項

• その他取扱い上注意すべき事項

※ 通常は製造年から10年（製造年から10年を過ぎたものは、交換するか、耐圧試験圧力値による水圧試験を実施するよう記されている）。

　このほか、自動車用消火器には赤色の「自動車用」の文字を、型式番号、検定合格表示などとともに記した表示を設けることが義務づけられている。ハロン1301消火器を除くハロゲン化物消火器には、以下の注意事項を表示することとされている。

⑴ 狭い密閉した室では使用しないこと。

⑵ 風上より放射し、使用後はすみやかに換気をはかること。

⑶ 発生ガスは有害であるので、吸入しないこと。

2. 適応火災の絵表示

　A火災（電気火災を除く）に適応する消火器には「普通火災用」、B火災（電気火災を除く）に適応する消火器には「油火災用」、電気火災に適応する消火器には「電気火災用」とそれぞれ明瞭に表示するとともに、それぞれの火災の区分に応じた絵表示を、規定の色、大きさで表示しなければならない（次ページの図参照）。

　なお、電気火災を「C火災」とする呼び方は広く使用されているが、法令にはC火災という用語はない。規格省令においては、第4類危険物等に係る火災（油火災）をB火災、それ以外の火災をA火災と定義している。

電気火災は、変圧器、配電盤その他これらに類する電気設備の火災のことで、A 火災にも B 火災にも電気火災が含まれる。

消火器の表示の例

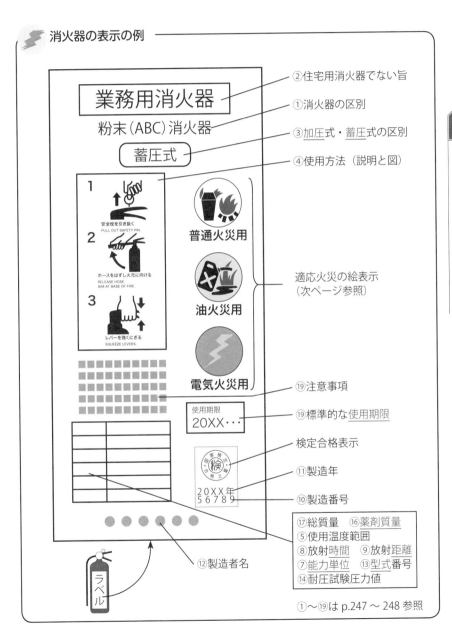

業務用消火器

粉末 (ABC) 消火器

蓄圧式

1　安全栓を引き抜く　PULL OUT SAFETY PIN.
2　ホースをはずし火元に向ける　RELEASE HOSE, AIM AT BASE OF FIRE.
3　レバーを強くにぎる　SQUEEZE LEVERS.

普通火災用

油火災用

電気火災用

使用期限
20XX・・・

20XX年
56789

ラベル

②住宅用消火器でない旨
①消火器の区別
③加圧式・蓄圧式の区別
④使用方法（説明と図）

適応火災の絵表示
（次ページ参照）

⑲注意事項
⑲標準的な使用期限

検定合格表示
⑪製造年
⑩製造番号

⑰総質量　⑯薬剤質量
⑤使用温度範囲
⑧放射時間　⑨放射距離
⑦能力単位　⑬型式番号
⑭耐圧試験圧力値

⑫製造者名

①～⑲は p.247 ～ 248 参照

適応火災の絵表示

普通火災用	油火災用	電気火災用

地：白色
炎：赤色
可燃物：黒色

地：黄色
炎：赤色
可燃物：黒色

地：青色
閃光：黄色

絵表示の大きさは、充てんする消火剤の容量または質量が 2L または 3kg 以下のものは半径 1cm 以上、2L または 3kg を超えるものは半径 1.5cm 以上とする。

3. 消火器の塗色

規格省令により、消火器の外面は、25%以上を赤色仕上げにしなければならないと定められている。実際には、本体容器のほぼ全体が赤色に塗られているものが多く、消火器は赤というイメージが浸透しているものと思われる。

一方、4 章の Lesson 04 ですでに説明したように、高圧ガス保安法の規定により、二酸化炭素消火器の本体容器の塗色は、表面積の 2 分の 1 以上を緑色にしなければならない（p.178 参照）。同じく、高圧ガス保安法の規定により、ハロン 1301 消火器、ハロン 1211 消火器は、表面積の 2 分の 1 以上をねずみ色にしなければならない（p.180 参照）。規格省令と高圧ガス保安法の両方の規定を満たすために、二酸化炭素消火器の本体容器は緑色と赤色に、ハロン 1301 消火器、ハロン 1211 消火器の本体容器はねずみ色と赤色に塗り分けられている。これらの消火器の塗色については、よく出題されているので注意しよう。

なお、住宅用消火器は、住宅に設置することを目的としたもので、使用する人が家族などに限られることから、特に目立たせる必要はないので、塗色に関する規定はなく、さまざまな色のものが販売されている。

消火器が使用されるのは一刻を争う状況ですから、その場所に慣れていない人でも、消火器がどこにあるかすぐにわかるようにすることが重要ですね。

ポイントを丸暗記！

1　消火器には、見やすい位置に、必要な事項を記載した簡明な表示をしなければならない。

消火器の表示に記載しなければならない事項は、p.247 ～ 248 のとおりである。

2　消火器には、適応火災の区分に応じた絵表示を表示しなければならない。

普通火災用の絵表示の地色は白色、油火災用の絵表示の地色は黄色、電気火災用の絵表示の地色は青色である。

3　消火器の外面は、25%以上を赤色仕上げにしなければならない。

二酸化炭素消火器の本体容器の塗色は、表面積の 2 分の 1 以上を緑色にしなければならない。ハロン 1301 消火器、ハロン 1211 消火器は、表面積の 2 分の 1 以上をねずみ色にしなければならない。

⚠ こんな選択肢に注意！

消火器の表示には、~~販売店名~~を記載しなければならない。

販売店名は、消火器の表示に記載しなければならない事項に含まれていない。

消火器の規格④

〈部品等の規格（1）〉

Lesson
04

ここが Point!

ホース、ノズル、化学泡消火器のろ過網については、出題例が多いのでしっかり押さえよう。

基礎知識を押さえよう！

1. キャップ・プラグ・口金（くちがね）・パッキンの規格

消火器のキャップ、プラグ、口金及びパッキンは、以下の規定に適合するものでなければならない。

- キャップまたはプラグ及び口金には、その間に容易にはずれないようにパッキンをはめ込むこと。
- キャップまたはプラグは、本体容器の耐圧試験を行った場合に、漏れ、著しい変形を生じないこと。
- キャップまたはプラグの嵌合（かんごう）部分は、パッキンをはめ込んだ状態で確実にはめ合わされ、規定の圧力に十分耐えられるように口金にかみ合うこと。
- キャップもしくはプラグまたは口金には、充てんその他の目的でキャップまたはプラグをはずす途中において本体容器内の圧力を完全に減圧することができるように、有効な減圧孔または減圧溝を設けること。
- パッキンは、充てんされた消火剤に侵されないもので、かつ、消火器を使用温度範囲で使用した場合において、消火器の機能に悪影響を与えないものであること。

2. バルブの規格

消火器のバルブは、以下の規定に適合するものでなければならない。

- 耐圧試験を行った場合に、漏れ、著しい変形を生じないこと。
- ハンドル車式のバルブは、1回転4分の1以下の回転で全開すること。

- バルブを開放した場合に、バルブが分解し、または離脱しないこと。
- 高圧ガス保安法の適用を受ける容器[※]には、安全弁を有するバルブ（容器弁）を設けること。

※ 二酸化炭素消火器、ハロン1301消火器、ハロン1211消火器の本体容器と、内容積100cm³を超える加圧用ガス容器。

3. ホースの規格

ゴロ合わせ ➡ p.311

消火器には、ホースを取り付けなければならない。ただし、粉末消火器で消火薬剤の質量が1kg以下のもの、ハロゲン化物消火器で消火薬剤の質量が4kg未満のものには、ホースを設けなくてもよい。

消火器のホースは、以下の規定に適合するものでなければならない。
- 耐圧試験を行った場合に、漏れ、著しい変形を生じないこと。
- 長さは、消火剤を有効に放射するに足るものであること。据置式の消火器については、有効長[※]10m以上であること。
- 使用温度範囲において耐久性を有し、かつ、円滑に操作できること。
- ホースを延長して使用するものは、延長の操作により変形、亀裂その他の異常を生じないものであること。

※ ホースを有効に使用できる状態で最も長く延長したときの長さ。

> 据置式以外の消火器のホースについては、具体的な長さの数値は定められていませんね。

4. ノズルの規格

消火器のノズルには、開閉式及び切替式の装置を設けてはならない。ただし、据置式の消火器及び背負式の消火器のノズルには、開閉式の装置を設けることができる。車載式の消火器には、開閉式の装置、切替式の装置を設けることができる。

開閉式のノズルとは、ノズルの操作により放射の停止ができるものをいう。レバーを放すことにより放射を停止する開閉式バルブとは異なるので注意しよう（開閉式バルブは、手さげ式の蓄圧式消火器や、加圧式粉末消

火器の一部などに設けられている)。

　切替式のノズルとは、棒状放射と霧状放射の切替えができるもので、ガス加圧式の大型強化液消火器の一部に採用されている。

　消火器のノズルは、以下の規定に適合するものでなければならない。

- 耐圧試験を行った場合に、漏れ、著しい変形を生じないこと。
- 内面は、平滑に仕上げられたものであること。
- 開閉式、切替式のノズルは、開閉または切替えの操作が円滑に行われ、かつ、放射の際に消火剤の漏れその他の障害を生じないこと。
- 開閉式のノズルは、0.3MPa の圧力を 5 分間加える試験において、漏れを生じないこと。
- 開放式のノズルで栓を施しているものは、使用温度範囲で漏れを生じないもので、かつ、作動させた場合に確実に消火剤を放射することができるものであること。

5. ろ過網の規格

　下記の消火器には、ノズルまたはホースに通じる薬剤導出管（薬剤導出管のないものはノズル）の本体容器内における開口部に、ろ過網を設けなければならない。

- 手動ポンプにより作動する水消火器
- ガラスびんを使用する酸アルカリ消火器もしくは強化液消火器
- 化学泡消火器

　これらのうち、現在製造されているものは、化学泡消火器のみである。ろ過網は、以下の規定に適合するものでなければならない。

- ろ過網の目の最大径は、ノズルの最小径の 4 分の 3 以下であること。
- ろ過網の目の部分の合計面積は、ノズルの開口部の最小断面積の 30 倍以上であること。

ろ過網の規格については出題例がよくあるので、必ず覚えておこう。

6. 液面表示の規格

　下記の消火器の本体容器の内面には、充てんされた消火剤の液面を示す簡明な表示をしなければならない。

- 手動ポンプにより作動する水消火器
- 酸アルカリ消火器
- 化学泡消火器

　これらのうち、現在製造されているものは、化学泡消火器のみである。

04

消火器の規格④〈部品等の規格（1）〉

ポイントを丸暗記！

1 消火器のホースは、<u>消火剤を有効に放射できる</u>長さでなければならない。

据置式の消火器については、有効長 <u>10</u>m 以上と規定されている。それ以外の消火器については、具体的な長さの数値は定められていない。

2 手さげ式の消火器には、<u>開閉</u>式、<u>切替</u>式のノズルを設けてはならない。

据置式、背負式の消火器には、<u>開閉</u>式のノズルを設けることができる。車載式の消火器には、<u>開閉</u>式、<u>切替</u>式のノズルを設けることができる。

3 化学泡消火器の薬剤導出管の本体容器内における開口部には、<u>ろ過網</u>を設けなければならない。

ろ過網の目の最大径は、ノズルの最小径の <u>4 分の 3</u> 以下とし、ろ過網の目の部分の合計面積は、ノズルの開口部の最小断面積の <u>30</u> 倍以上とする。

消火器の規格⑤
〈部品等の規格（2）〉

Lesson
05

ここが Point!
出題例の多い安全栓、安全弁、指示圧力計、加圧用ガス容器を中心に、規格の内容を覚えよう。

基礎知識を押さえよう！

1. 衝撃強度等の規格

　消火器は、運搬及び作動操作に伴う不時の落下、衝撃等に十分耐えることができ、かつ、耐久性を有する良質の材料を用いた堅牢（けんろう）なものでなければならない。

　消火器には、温度上昇、振動等によって充てんされた消火剤の漏れを生じないように、漏出防止の装置を設けなければならない。ただし、漏れを生じるおそれのない構造の消火器については、この限りでない。

　消火器の本体容器には、圧力に耐えられるよう十分な強度が必要とされるため、本体容器の材質や板厚についても規格省令により規定されているが、ここでは省略する。

2. 安全栓の規格

　消火器には、不時の作動を防止するために、安全栓を設けなければならない（p.192 参照）。ただし、手動ポンプにより作動する水消火器、転倒の1動作で作動する消火器については、この限りでない。

　安全栓は、以下の規定に適合するものでなければならない。

・1動作で容易に引き抜くことができ、かつ、その引き抜きに支障のない封が施されていなければならない。

　手さげ式の消火器のうち、押し金具をたたく1動作及びふたを開けて転倒させる動作で作動するもの以外の消火器と、据置式の消火器の安全栓

については、以下の規定に適合するものでなければならない。

- 内径が 2cm 以上のリング部と、軸部、軸受部で構成されていること。
- 装着時において、リング部は軸部が貫通する上レバーの穴から引き抜く方向に引いた線上にあること。
- リング部の塗色は、黄色仕上げとすること。
- 材質は、SUS304（ステンレス鋼の一種）またはこれと同等以上の耐食性及び耐候性を有すること。
- 上方向（消火器を水平面上に置いた場合、垂直軸から 30°以内の範囲）に引き抜くよう装着されていること。
- 安全栓に衝撃を加えた場合や、レバーを強く握った場合においても、引き抜きに支障を生じないこと。
- 引き抜く動作以外の動作によっては容易に抜けないこと。

3. 使用済の表示に関する規格

　手さげ式の消火器（指示圧力計のある蓄圧式の消火器、バルブを有しない消火器、手動ポンプにより作動する水消火器を除く）には、使用した場合、自動的に作動し、使用済であることが判別できる装置を設けなければならない。

　使用済表示装置の形状等については特に規定されていないが、プラスティック製で、消火器のレバーが握られると軸が折れて脱落するタイプのものが多い。表示の意匠や文字は、メーカーにより異なる（p.193 参照）。

4. 保持装置の規格

　手さげ式の消火器（自動車用消火器を除く）には、消火器を安定した状態に保たせるために、保持装置を設けなければならない。ただし、鉛直に置くことができるものについては、この限りでない。

　保持装置は、消火器を容易に取りはずすことができる構造のものでなければならない。

> 保持装置には、消火器を壁に固定するためのバンドなどが含まれる。

5. 安全弁の規格

　消火器の安全弁は、以下の規定に適合するものでなければならない。

- 本体容器内の圧力を有効に減圧することができること。
- みだりに分解し、または調整することができないこと。
- 封板式のものは、噴き出し口に封を施すこと。
- 「安全弁」と表示すること。

6. 加圧用ガス容器の規格

　ガス加圧式の消火器に設けられる加圧用ガス容器は、以下の規定に適合するものでなければならない。

- ガスを充てんして40℃の温水中に2時間浸す試験を行った場合において、漏れを生じないこと。
- 本体容器の内部に取り付けられる加圧用ガス容器の外面は、本体容器に充てんされた消火剤に侵されず、表示、塗料等がはがれないこと。
- 本体容器の外部に取り付けられる加圧用ガス容器は、外部からの衝撃から保護されていること。
- 二酸化炭素を用いる加圧用ガス容器の内容積は、充てんする液化炭酸ガス1gにつき1.5cm^{3}以上であること。
- 内容積が100cm^{3}を超える加圧用ガス容器の作動封板は、17.5MPa以上で設計容器破壊圧力の4分の3以下の圧力を加える水圧試験を行った場合において、破壊されること。
- 内容積が100cm^{3}以下の加圧用ガス容器で、二酸化炭素を充てんするものは24.5MPa、窒素ガスを充てんするものは最高充てん圧力の3分の5倍の圧力を2分間加える水圧試験を行った場合において、漏れまたは異常膨脹がないこと。
- 内容積が100cm^{3}以下の加圧用ガス容器の作動封板は、上記の水圧試験を行った場合において、破壊されないこと。

　なお、内容積が100cm^{3}を超える加圧用ガス容器は、高圧ガス保安法の適用を受け、同法に基づく容器検査が義務づけられる。容器の塗色は、二酸化炭素を充てんするものは2分の1以上を緑色に、窒素ガスを充てんするものは2分の1以上をねずみ色にするよう定められている。

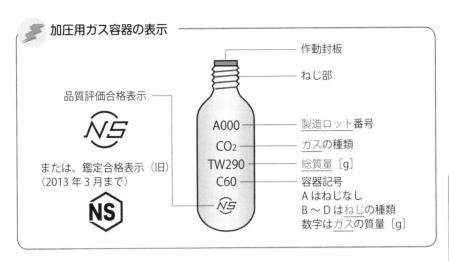

加圧用ガス容器の表示

作動封板
ねじ部
品質評価合格表示
A000 — 製造ロット番号
CO₂ — ガスの種類
TW290 — 総質量［g］
C60 — 容器記号
または、鑑定合格表示（旧）
（2013 年 3 月まで）
A はねじなし
B ～ D はねじの種類
数字はガスの質量［g］

7. 圧力調整器の規格

　圧力調整器は、蓄圧式の消火器に窒素ガスを充てんする際に用いるものである（p.208 参照）。また、大型のガス加圧式消火器で、加圧用ガスとして窒素ガスを用いるものは、減圧用として圧力調整器を設けているものが多い。

　圧力調整器は、以下の規定に適合するものでなければならない。
- みだりに分解し、または調整することができないこと。
- 圧力計は、調整圧力の範囲を示す部分を緑色で明示すること。

8. 指示圧力計の規格

　蓄圧式の消火器（二酸化炭素消火器、ハロン 1301 消火器を除く）に設ける指示圧力計は、以下の規定に適合するものでなければならない。
- 所定の条件による試験を行った場合において、指示圧力の許容誤差が、使用圧力範囲の圧力値の上下 10%以内であること。
- 指標は、見やすいものであること。
- 指針及び目盛板は、耐食性を有する金属であること。
- 圧力検出部及びその接合部は、耐久性を有すること。
- 圧力検出部の材質、使用圧力範囲（単位：メガパスカル［MPa］）及び㊞の記号を表示すること。

- 使用圧力範囲を示す部分を緑色で明示すること。
- 外部からの衝撃に対し保護されていること。

 指示圧力計の目盛板の図は、p.190 にありましたね。

9. 化学泡消火器の内筒の規格

化学泡消火器の内筒は、以下の規定に適合するものでなければならない。
- 機能上支障のない構造及び強度を有すること。
- 充てんされた消火剤の液面を示す簡明な表示をすること。
- 内筒のうち密封されていないものは、消火器を 30°傾けた場合において、化学薬品が漏れないものであること。

10. 二酸化炭素消火器等の規格

二酸化炭素消火器、ハロン 1301 消火器、ハロン 1211 消火器については、以下のような規定がある。
- 二酸化炭素消火器の放射管は、その周囲を熱の不良導体で被覆しなければならない。
- 二酸化炭素消火器、ハロン 1301 消火器、ハロン 1211 消火器の放射ホーンは、非吸湿性で、かつ、電気絶縁性のある強じんな材料を用いて造られたものでなければならない。
- 二酸化炭素消火器、ハロン 1301 消火器、ハロン 1211 消火器の充てん比に関する規定については、p.180 参照。

11. 基準の特例

新たな技術開発に係る消火器について、その形状、構造、材質及び性能から判断して、規格省令の規定に適合するものと同等以上の性能があると総務大臣が認めた場合は、省令の規定にかかわらず、総務大臣が定める技術上の規格によることができる。

ゴロ合わせで覚えよう！

指示圧力計の規格

しじゅう暑苦しい…
（指示）　　（圧力計）

上から下まで 天パでござる！
（上下）　　　（10%）（誤差）

⇨ 指示圧力の許容誤差は、使用圧力範囲の圧力値の上下 10%以内でなければならない。

ポイントを 丸 暗記！

1 **安全栓は、1 動作で容易に引き抜くことができ、その引き抜きに支障のない封が施されていなければならない。**

安全栓は、上方向（消火器を水平面上に置いた場合、垂直軸から 30°以内の範囲）に引き抜くよう装着され、引き抜く動作以外の動作によっては容易に抜けないものでなければならない。

2 **安全栓のリング部の内径は、2cm 以上とする。**

安全栓は、リング部、軸部、軸受部で構成され、装着時において、リング部は軸部が貫通する上レバーの穴から引き抜く方向に引いた線上にあること、リング部の塗色は、黄色仕上げとすることとされている。

3 **安全弁は、みだりに分解し、または調整することができないものでなければならない。**

安全弁は、本体容器内の圧力を有効に減圧することができるものでなければならない。「安全弁」と表示し、封板式のものは、噴き出し口に封を施す。

消火薬剤の規格

Lesson
06

ここが Point!

泡消火薬剤が放射する泡の容量（倍数）、粉末消火薬剤の色、粒径、沈降時間、主成分などを覚えよう。

基礎知識を押さえよう！

1. 消火薬剤の共通的性状

消火器に充てんする消火薬剤（二酸化炭素を除く）に関する規格は、「消火器用消火薬剤の技術上の規格を定める省令」により定められている。すべての消火薬剤に共通する規定として、以下のものがある。

- 著しい毒性または腐食性を有しないこと。
- 著しい毒性または腐食性のあるガスを発生しないこと。
- 水溶液の消火薬剤及び液状の消火薬剤は、結晶の析出、溶液の分離、浮遊物または沈殿物の発生その他の異常を生じないこと。
- 粉末状の消火薬剤は、塊状化、変質その他の異常を生じないこと。
- 一度使用され、もしくは使用されずに収集され、もしくは廃棄されたものまたはその全部もしくは一部を原料とするもの（使用済等消火薬剤）であってはならない。ただし、規定に適合する処理を施した再利用消火薬剤については、この限りでない。

2. 強化液消火薬剤

強化液消火薬剤は、以下の規定に適合するアルカリ金属塩類等の水溶液でなければならない。

- アルカリ金属塩類の水溶液は、アルカリ性反応を呈すること。
- 凝固点が－ 20℃以下であること。　　　　　　　　ゴロ合わせ ➡ p.312
- 消火器を正常な状態で作動した場合において放射される強化液は、防炎性を有するものであること。

3. 泡消火薬剤

　泡消火薬剤に共通する規定には、以下のものがある。

- 防腐処理を施したものであること。ただし、腐敗、変質等のおそれのないものは、この限りでない。
- 消火器から放射される泡は、耐火性を持続することができること。

　化学泡消火薬剤については、以下のように定められている。

- 粉末状の消火薬剤は、水に溶けやすい乾燥状態のものであること。
- 不溶解分は、1 質量％以下であること。
- 温度 20℃の消火薬剤を充てんした消火器を作動した場合において、放射される泡の容量は、以下のとおりであること。
  手さげ式・背負式の消火器…消火薬剤の容量の 7 倍以上
  車載式の消火器…消火薬剤の容量の 5.5 倍以上
- 放射終了時から 15 分経過したときにおける泡の容量の減少は、25％を超えないこと。

　機械泡消火薬剤については、以下のように定められている。

- 水溶液または液状もしくは粉末状のものであること。
- 液状または粉末状のものは、水に溶けやすいものとし、容器または包装に、注意事項として「飲料水を使用すること」と表示すること。
- 温度 20℃の消火薬剤を充てんした消火器を作動した場合において、放射される泡の容量は、消火薬剤の容量の 5 倍以上であること。
- 発泡前の水溶液の容量の 25％の水溶液が泡から還元するために要する時間は、1 分以上であること。

4. ハロゲン化物消火薬剤

　ハロゲン化物消火薬剤については、出題例は少ないが、ハロン 1301（ブロモトリフルオロメタン）に関する規定の一部のみを記しておく。

- 無色透明で浮遊物がないこと。
- 純分は、99.6％以上であること。
- 含有水分は、0.005 質量％以下であること。

5. 粉末消火薬剤

ゴロ合わせ ➡ p.312

　粉末消火薬剤は、防湿加工を施したナトリウムもしくはカリウムの重炭酸塩その他の塩類、またはリン酸塩類、硫酸塩類その他防炎性を有する塩類（以下、リン酸塩類等とする）で、以下の規定に適合するものでなければならない。

- 呼び寸法 180 マイクロメートル［μm］以下の、消火上有効な微細な粉末であること。
- 温度 30℃、相対湿度 60％の恒温恒湿槽中に 48 時間以上静置した後に、温度 30℃、相対湿度 80％の恒温恒湿槽中に 48 時間静置する試験において、質量増加率が 2％以下であること。
- 水面に均一に散布した場合において、1 時間以内に沈降しないこと。
- リン酸塩類等には淡紅色系の着色を施さなければならない。

　着色に関する規定があるのはリン酸塩類等のみであるが、他の粉末消火薬剤も、混同を避けるために、自主基準により種類ごとに異なる色に着色されている（p.182 参照）。

> 消火薬剤の規格の中では、粉末消火薬剤の色、粒径、沈降時間、主成分などについて出題されることが多いので、このあたりはしっかり押さえておこう。

6. 浸潤剤等

　消火薬剤（水を含み、ハロゲン化物消火薬剤を除く）には、浸潤剤、不凍剤その他消火薬剤の性能を高め、または性状を改良するための薬剤を混和し、または添加することができる。浸潤剤等は、消火薬剤の性状または性能に悪影響を与えないものでなければならない。

7. 消火薬剤の容器

　消火薬剤は、希釈、濃縮、固化、吸湿、変質その他の異常を生じないように、容器に封入しなければならない。

8. 消火薬剤の表示

　消火薬剤の容器には、以下に掲げる事項を記載した簡明な表示をしなければならない。容器に表示することが不適当な場合は、包装に表示する。
①品名
②充てんされるべき消火器の区別
③消火薬剤の容量または質量
④充てん方法
⑤取扱い上の注意事項
⑥製造年月
⑦製造者名または商標
⑧型式番号

06
消火薬剤の規格

9. 基準の特例

　新たな技術開発に係る消火薬剤について、その成分及び性能から判断して、消火薬剤規格省令の規定に適合するものと同等以上の性能があると総務大臣が認めた場合は、省令の規定にかかわらず、総務大臣が定める技術上の規格によることができる。

ポイントを丸暗記！

1 手さげ式の化学泡消火器に充てんする消火薬剤は、容量の 7 倍以上の泡を放射できるものでなければならない。

温度 20℃の消火薬剤を充てんした消火器を作動した場合に放射される泡の容量は、手さげ式・背負式の化学泡消火器では消火薬剤の容量の 7 倍以上、車載式の化学泡消火器で 5.5 倍以上、機械泡消火器では 5 倍以上とされている。

2 粉末消火薬剤は、呼び寸法 180 マイクロメートル［μm］以下の微細な粉末であることとされている。

粉末消火薬剤は、水面に均一に散布した場合に、1 時間以内に沈降しないものでなければならない。リン酸塩類等には淡紅色系の着色を施すことが義務づけられている。

問　題 ▶解答と解説は p.272〜276

問題 01

消火器の能力単位に関する規定として、誤っているものは次のうちどれか。

1　A 火災に適応する消火器は、能力単位が 1 以上でなければならない。
2　B 火災に適応する消火器は、能力単位が 1 以上でなければならない。
3　A 火災に適応する大型消火器は、能力単位が 10 以上でなければならない。
4　B 火災に適応する大型消火器は、能力単位が 10 以上でなければならない。

➡ Lesson 01

問題 02

大型消火器とならないものは、次のうちどれか。ただし、いずれも能力単位についての要件は満たしているものとする。

1　強化液消火器で、消火薬剤の容量が 40L のもの。
2　粉末消火器で、消火薬剤の質量が 20kg のもの。
3　二酸化炭素消火器で、消火薬剤の質量が 50kg のもの。
4　機械泡消火器で、消火薬剤の容量が 20L のもの。

➡ Lesson 01

問題 03

消火器の放射性能に関する規定として、正しいものは次のうちどれか。

1　放射時間は、温度 20℃において 5 秒以上であること。
2　放射距離は 5m 以上であること。
3　化学泡消火器を除くものは、充てんされた消火剤の容量または質量の 90%以上の量を放射できること。
4　化学泡消火器は、充てんされた消火剤の容量の 80%以上の量を放射できること。

➡ Lesson 01

問題 04

　消火器の使用温度範囲に関する総務省令による規定として、正しいものは次のうちどれか。

1　すべての消火器は、0℃以上 40℃以下の温度範囲で使用した場合に、機能を有効に発揮することができるものでなければならない。
2　化学泡消火器を除く消火器は、－ 10℃以上 40℃以下の温度範囲で使用した場合に、機能を有効に発揮することができるものでなければならない。
3　化学泡消火器は、－ 5℃以上 40℃以下の温度範囲で使用した場合に、機能を有効に発揮することができるものでなければならない。
4　化学泡消火器は、5℃以上 40℃以下の温度範囲で使用した場合に、機能を有効に発揮することができるものでなければならない。

➡ Lesson 01

問題 05

　消火器の動作数に関する規定として、正しい組み合わせはどれか。ただし、保持装置から取りはずす動作、背負う動作、安全栓をはずす動作及びホースをはずす動作を除く。

1　化学泡消火器を除く手さげ式消火器…2 動作以内
2　据置式の消火器……………………………2 動作以内
3　車載式の消火器……………………………2 動作以内
4　化学泡消火器………………………………1 動作

➡ Lesson 02

問題 06

　消火器の表示に記載しなければならない事項として規定されていないものは、次のうちどれか。

1　使用温度範囲
2　放射距離
3　型式承認を行った総務大臣の氏名
4　A 火災または B 火災に対する能力単位の数値

➡ Lesson 03

消火器の適応火災を示す絵表示について、正しいものは次のうちどれか。

1 　普通火災用の消火器の絵表示は、炎を赤色、可燃物を黒色、地色は黄色とする。
2 　油火災用の消火器の絵表示は、炎を赤色、可燃物を黒色、地色は白色とする。
3 　電気火災用の消火器の絵表示は、電気の閃光を黄色、地色は黒色とする。
4 　絵表示の大きさは、充てんする消火剤の容量または質量が 2L または 3kg 以下のものは半径 1cm 以上とする。

➡ Lesson 03

消火器の塗色に関する規定として、正しいものは次のうちどれか。

1 　消火器の外面は、2 分の 1 以上を赤色仕上げとしなければならない。
2 　二酸化炭素消火器の本体容器の塗色は、表面積の 2 分の 1 以上を緑色にしなければならない。
3 　ハロン 1301 消火器の本体容器の塗色は、表面積の 2 分の 1 以上を緑色にしなければならない。
4 　化学泡消火器の本体容器の塗色は、表面積の 2 分の 1 以上をねずみ色にしなければならない。

➡ Lesson 03

消火器のホースに関する規定として、誤っているものは次のうちどれか。

1 　耐圧試験において、漏れ、著しい変形を生じないものでなければならない。
2 　粉末消火器で消火薬剤の質量が 4kg 以下のものには、設けなくてもよい。
3 　据置式の消火器に設けるものは、有効長 10m 以上でなければならない。
4 　使用温度範囲において耐久性を有し、円滑に操作できるものでなければならない。

➡ Lesson 04

問題 10

　消火器のノズルに関する規定として、誤っているものは次のうちどれか。ただし、開閉式のノズルとは、ノズルの操作により放射の停止ができるものを、切替式のノズルとは、棒状放射と霧状放射の切替えができるものをいう。

1　手さげ式の消火器には、開閉式のノズルを設けることができる。
2　据置式の消火器には、開閉式のノズルを設けることができる。
3　背負式の消火器には、開閉式のノズルを設けることができる。
4　車載式の消火器には、開閉式のノズル、切替式のノズルを設けることができる。

→ Lesson 04

問題 11

　消火器のろ過網に関する規定として、誤っているものは次のうちどれか。

1　ろ過網の目の最大径は、ノズルの最小径の 4 分の 3 以下であることとされている。
2　ろ過網の目の部分の合計面積は、ノズルの開口部の最小断面積の 30 倍以上であることとされている。
3　機械泡消火器には、ろ過網を設けなくてよい。
4　ろ過網は、ノズルの先端に設ける。

→ Lesson 04

問題 12

　消火剤の液面表示が必要な消火器は、次のうちどれか。

1　強化液消火器
2　化学泡消火器
3　粉末消火器
4　機械泡消火器

→ Lesson 04

問題 13

消火器の安全栓に関する規定として、正しいものは次のうちどれか。

1 すべての消火器に設けなければならない。
2 手さげ式の消火器には、必ず設けなければならない。
3 転倒の1動作で作動する消火器には、設けなくてもよい。
4 据置式の消火器には、設けなくてもよい。

➡ Lesson 05

問題 14

手さげ式の消火器に取り付ける安全栓に関する規定として、誤っているものは次のうちどれか。ただし、消火器は、押し金具をたたく1動作及びふたを開けて転倒させる動作で作動するもの以外のものとする。

1 1動作で容易に引き抜くことができ、かつ、その引き抜きに支障のない封が施されていなければならない。
2 リング部の内径が2cm以上であること。
3 リング部の塗色は、白色仕上げとする。
4 消火器を水平面上に置いた場合、垂直軸から30°以内の範囲に引き抜くよう装着されていること。

➡ Lesson 05

問題 15

ガス加圧式消火器の加圧用ガス容器に関する規定として、誤っているものは次のうちどれか。

1 ガスを充てんして40℃の温水中に2時間浸す試験を行った場合に、漏れを生じないこと。
2 二酸化炭素を用いる加圧用ガス容器の内容積は、充てんする液化炭酸ガス1gにつき1cm^{3}以上であること。
3 本体容器の内部に取り付ける容器の外面は、消火剤に侵されないこと。
4 内容積が100cm^{3}以下で二酸化炭素を充てんする容器の作動封板は、24.5MPaの圧力を2分間加える水圧試験を行った場合に破壊されないこと。

➡ Lesson 05

問題 16

　蓄圧式消火器の指示圧力計に関する規定として、誤っているものは次のうちどれか。

1　指示圧力の許容誤差が、使用圧力範囲の圧力値の上下 10%以内であること。
2　指針及び目盛り板は、耐食性を有する金属であること。
3　使用圧力範囲を示す部分を赤色で明示すること。
4　圧力検出部の材質を表示すること。

➡ Lesson 05

問題 17

　温度 20℃の消火薬剤を充てんした泡消火器を作動した場合に放射される泡の容量に関する規定として、誤っているものは次のうちどれか。

1　手さげ式の化学泡消火器…消火薬剤の容量の 5 倍以上
2　車載式の化学泡消火器……消火薬剤の容量の 5.5 倍以上
3　機械泡消火器………………消火薬剤の容量の 5 倍以上
4　背負式の化学泡消火器……消火薬剤の容量の 7 倍以上

➡ Lesson 06

問題 18

　粉末消火器に充てんされる消火薬剤に関する規定として、誤っているものは次のうちどれか。

1　呼び寸法 180 マイクロメートル以下の微細な粉末であること。
2　水面に均一に散布した場合に、20 分以内に沈降しないこと。
3　リン酸塩類等には淡紅色系の着色を施すこと。
4　防湿加工を施したナトリウムもしくはカリウムの重炭酸塩その他の塩類、またはリン酸塩類等であること。

➡ Lesson 06

問題01　**正解**　4

1　○　消火器（住宅用消火器、交換式消火器を除く）は、A 火災または B 火災
　　　に対する能力単位が 1 以上でなければならない。
2　○　**1** の解説を参照。
3　○　大型消火器の能力単位は、A 火災に適応するものは 10 以上でなければ
　　　ならない。
4　×　大型消火器の能力単位は、B 火災に適応するものは 20 以上でなければ
　　　ならない。

➡ 間違えた人は、Lesson 01 を復習しよう。

問題02　**正解**　1

　大型消火器は、A 火災に適応するものは能力単位 10 以上、B 火災に適応する
ものは能力単位 20 以上で、かつ、消火薬剤の充てん量（容量または質量）が下
記の規定量以上でなければならない。
・水消火器・化学泡消火器…80L 以上
・強化液消火器………………60L 以上
・機械泡消火器………………20L 以上
・二酸化炭素消火器…………50kg 以上
・ハロゲン化物消火器………30kg 以上
・粉末消火器…………………20kg 以上

➡ 間違えた人は、Lesson 01 を復習しよう。

問題03　**正解**　3

1　×　放射時間は、温度 20℃において 10 秒以上であることとされている。
2　×　消火に有効な放射距離を有することとされているが、数値の規定はない。
3　○　化学泡消火器を除く消火器は、充てんされた消火剤の容量または質量の
　　　90％以上の量を放射できるものでなければならない。
4　×　化学泡消火器は、充てんされた消火剤の容量の 85％以上の量を放射で
　　　きるものでなければならない。

➡ 間違えた人は、Lesson 01 を復習しよう。

問題 04 **正解** **4**

　消火器は、その種類に応じ、下記の温度範囲で使用した場合において、正常に操作することができ、かつ、消火及び放射の機能を有効に発揮することができるものでなければならない。
・化学泡消火器以外の消火器…<u>0</u>℃以上 40℃以下
・化学泡消火器………………<u>5</u>℃以上 40℃以下

　なお、消火器の性能に支障がない場合は、10℃単位で使用温度範囲を拡大することができる。実際の消火器は、使用温度範囲の下限値を拡大したものが多い。
　　　　　　　　　　　　　　➡ 間違えた人は、Lesson 01 を復習しよう。

問題 05 **正解** **2**

　消火器は、保持装置から取りはずす動作、背負う動作、安全栓をはずす動作及びホースをはずす動作を除き、以下の動作数以内で容易に、かつ、確実に放射を開始することができるものでなければならない。
・手さげ式消火器（化学泡消火器を除く）……………<u>1</u> 動作
・化学泡消火器、据置式の消火器、背負式の消火器…<u>2</u> 動作以内
・車載式消火器………………………………………………<u>3</u> 動作以内
　　　　　　　　　　　　　　➡ 間違えた人は、Lesson 02 を復習しよう。

問題 06 **正解** **3**

　<u>型式承認を行った総務大臣の氏名</u>は、消火器の表示に記載しなければならない事項に含まれていない。型式番号は含まれている（p.247 ～ 248 参照）。
　　　　　　　　　　　　　　➡ 間違えた人は、Lesson 03 を復習しよう。

問題 07 **正解** **4**

1　×　普通火災用の消火器の絵表示は、炎を赤色、可燃物を黒色とし、地色は<u>白色</u>とする。
2　×　油火災用の消火器の絵表示は、炎を赤色、可燃物を黒色とし、地色は<u>黄色</u>とする。
3　×　電気火災用の消火器の絵表示は、電気の閃光を黄色とし、地色は<u>青色</u>とする。
4　○　絵表示の大きさは、充てんする消火剤の容量または質量が 2L または

3kg 以下のものは半径 1cm 以上、2L または 3kg を超えるものは半径 1.5cm 以上とする。

➡ 間違えた人は、Lesson 03 を復習しよう。

問題 08 **正解** 2

1　×　消火器の外面は、25%以上を赤色仕上げとしなければならない。
2　○　二酸化炭素消火器の本体容器の塗色は、表面積の 2 分の 1 以上を緑色にしなければならない。
3　×　ハロン 1301 消火器の本体容器の塗色は、表面積の 2 分の 1 以上をねずみ色にしなければならない。
4　×　そのような規定はない。

➡ 間違えた人は、Lesson 03 を復習しよう。

問題 09 **正解** 2

　ホースを設けなくてもよい消火器は、粉末消火器で消火薬剤の質量が 1kg 以下のものと、ハロゲン化物消火器で消火薬剤の質量が 4kg 未満のものである。

➡ 間違えた人は、Lesson 04 を復習しよう。

問題 10 **正解** 1

　消火器のノズルには、開閉式及び切替式の装置を設けてはならない。ただし、据置式の消火器及び背負式の消火器のノズルには、開閉式の装置を設けることができる。車載式の消火器には、開閉式の装置、切替式の装置を設けることができる。

➡ 間違えた人は、Lesson 04 を復習しよう。

問題 11 **正解** 4

1　○　ろ過網は、液体の消火薬剤中に含まれる異物によるホースやノズルの詰まりを防止するために設ける部品である。ろ過網の目の最大径は、ノズルの最小径の 4 分の 3 以下であることとされている。
2　○　ろ過網の目の部分の合計面積は、ノズルの開口部の最小断面積の 30 倍以上であることとされている。ろ過網が詰まってしまうと、消火薬剤を正常に放射できなくなるので、十分な面積が必要である。
3　○　ろ過網を設けなければならない消火器は以下のものであるが、このうち、現在製造されているものは化学泡消火器のみである。

- 手動ポンプにより作動する水消火器
- ガラスびんを使用する酸アルカリ消火器もしくは強化液消火器
- 化学泡消火器

4　×　ろ過網は、ノズルまたはホースに通じる薬剤導出管（薬剤導出管のない ものはノズル）の<u>本体容器内</u>における開口部に設ける。

➡ 間違えた人は、Lesson 04 を復習しよう。

問題 12　**正解　2**

　下記の消火器については、本体容器の内面に、充てんされた消火剤の液面を 示す簡明な表示をしなければならない。これらのうち、現在製造されているもの は、<u>化学泡消火器</u>のみである。

- 手動ポンプにより作動する水消火器
- 酸アルカリ消火器
- 化学泡消火器

➡ 間違えた人は、Lesson 04 を復習しよう。

問題 13　**正解　3**

　消火器には、不時の作動を防止するために、安全栓を設けなければならない。 ただし、手動ポンプにより作動する水消火器（現在は製造されていない）、<u>転倒</u> の 1 動作で作動する消火器については、この限りでない。

➡ 間違えた人は、Lesson 05 を復習しよう。

問題 14　**正解　3**

　消火器に設ける安全栓は、1 動作で容易に引き抜くことができ、かつ、その引 き抜きに支障のない封が施されていなければならない。

　手さげ式の消火器のうち、押し金具を<u>たたく</u> 1 動作及びふたを開けて<u>転倒</u>させ る動作で作動するもの以外の消火器と、据置式の消火器の安全栓については、以 下の規定に適合するものでなければならない。

- 内径が <u>2</u>cm 以上のリング部と、軸部、軸受部で構成されていること。
- リング部の塗色は、<u>黄色</u>仕上げとすること。
- <u>上方向</u>（消火器を水平面上に置いた場合、垂直軸から 30°以内の範囲）に引き 抜くよう装着されていること。
- 引き抜く動作以外の動作によっては容易に抜けないこと。

・その他の規定については p.257 参照。

→ 間違えた人は、Lesson 05 を復習しよう。

問題 15　**正解**　2

　二酸化炭素を用いる加圧用ガス容器の内容積は、充てんする液化炭酸ガス 1g につき <u>1.5</u>cm^3 以上であることとされている。

→ 間違えた人は、Lesson 05 を復習しよう。

問題 16　**正解**　3

　指示圧力計は、使用圧力範囲を示す部分を<u>緑</u>色で明示することとされている。

→ 間違えた人は、Lesson 05 を復習しよう。

問題 17　**正解**　1

　温度 20℃の消火薬剤を充てんした泡消火器を作動した場合に放射される泡の容量については、以下のように定められている。
・手さげ式・背負式の化学泡消火器…消火薬剤の容量の <u>7</u> 倍以上
・車載式の化学泡消火器………………消火薬剤の容量の <u>5.5</u> 倍以上
・機械泡消火器…………………………消火薬剤の容量の <u>5</u> 倍以上

→ 間違えた人は、Lesson 06 を復習しよう。

問題 18　**正解**　2

　粉末消火器に充てんされる消火薬剤は、水面に均一に散布した場合に、<u>1 時間</u>以内に沈降しないものでなければならない。

→ 間違えた人は、Lesson 06 を復習しよう。

6章
実技試験（鑑別等）関連

まず、これだけ覚えよう！

① 実技試験の内容

　消防設備士試験の試験問題は、筆記と実技に分かれており、乙種の試験では、筆記30問、実技5問の計35問が出題される。試験時間は、筆記、実技合わせて1時間45分となっている（筆記試験が一部免除される受験者は、試験時間が短縮される）。

　実技試験といえば、一般的には、何かの課題を与えて実際に作業を行わせ、技術の習熟度等を判定する試験のことであるが、消防設備士試験の実技試験はそのようなものではなく、実質的には、記述式の筆記試験である。出題される問題の内容は、消防用設備等や、その点検・整備に用いる器具、工具類などの写真を見ていくつかの設問に回答する、鑑別問題が中心である。

> 筆記試験の中に選択式の問題が30問、記述式の問題が5問あると考えればよさそうですね。

② 鑑別問題の傾向と対策

　乙種第6類の消防設備士試験に出題される鑑別問題で最も多いのは、消火器の写真を見て、その消火器の名称や操作方法、適応火災、加圧方式、消火器の各部の部品の名称、その部品の目的などに関する設問に回答するものである。与えられた選択肢の中から正解を選ぶ選択式の設問とは異なり、自分で解答を考えなければならない難しさはあるものの、内容自体は、本書の2章、4章、5章に記されている範囲の消火器の知識があれば、十分正解できるものである。

したがって、鑑別問題に取り組む際は、出題された写真を見たときに、その消火器の種類（部品の場合は部品の名称）がわかるかどうかが最も重要になる。その段階でつまずいてしまうと、もちろんどの設問に対しても正解に至ることはできない。

③消火器の見分け方のポイント

手さげ式の小型消火器のほとんどは、円筒形の本体容器の上部にレバーが付いていて、そこからホースが伸びているものである。外観がよく似ているので、一見どれも同じように見えてしまうが、以下のように、消火器の種類による外観の違いを見分けるためのポイントがいくつかある。

①指示圧力計があるものは、蓄圧式の消火器である。

②ノズルの形状に注目する。ホースの先に取り付けられているノズルは、ノズルから放射される消火薬剤の性状に適した形状になっている。

③外観に特徴があるものを覚えてしまう（化学泡消火器など）。

④本体容器の塗色により、消火器の種類がわかるものがある（二酸化炭素消火器など）。

手さげ式消火器の見分け方は、p.284 の図にさらにくわしくまとめてあるよ。

④その他の問題

鑑別問題のほかには、消火器の分解・点検や消火薬剤の充てん作業の手順に関する問題、防火対象物に設置する消火器の数を求める計算問題などが出題されている。

鑑別問題①
〈消火器〉

ここが Point!

指示圧力計の有無やノズルの形状から、手さげ式消火器の種類を見分けられるようにしよう。

Lesson
01

このレッスンでは、鑑別問題への対策として、手さげ式消火器を中心にいくつかの消火器の写真を掲載し、消火器の種類を見分ける際のポイントになる点の説明を添えた。

消火器を外観により見分ける際のポイントは、まず、指示圧力計があるかどうか。その次に、ノズルの形状に注目しよう。

消火器の名称：**蓄圧式強化液消火器（手さげ式）**

● **判別のポイント**

① 指示圧力計があるので、蓄圧式である。

② ノズルの形状が粉末消火器と若干異なる。

➡ 構造と機能については、p.170 〜 171 参照。

消火器の名称：**破蓋転倒式化学泡消火器（手さげ式）**

①
②

●**判別のポイント**　　ゴロ合わせ ➡ p.313

①押し金具があるので、破蓋転倒式である（押し金具のないものは転倒式）。

②ハンドルキャップは合成樹脂製で、形状が独特である。分解の際は木製のてこ棒で回す。

・他の手さげ式消火器とは操作方法が異なるため、レバーがない。

➡ 構造と機能については、p.173 〜 174 参照。
➡ 分解の手順については、p.216 〜 217 参照。

消火器の名称：**蓄圧式機械泡消火器（手さげ式）**

①
②→

●**判別のポイント**

①指示圧力計があるので、蓄圧式である。

②ノズルは発泡ノズルで、独特の形をしている。根元の太くなっている部分から空気を取り入れ、消火薬剤を発泡させる。

➡ 構造と機能については、p.175 参照。

消火器の名称：二酸化炭素消火器（手さげ式）

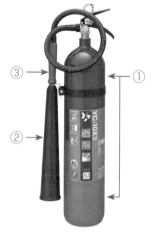

③ →
① →
② →

●**判別のポイント**　　ゴロ合わせ ➡ p.313
①本体容器は、2分の1以上が緑色に、25%以上が赤色に塗り分けられている。
②ノズルにラッパ状の大きなホーンが取り付けられている。
③凍傷防止のためのホーン握りが付いている。

・指示圧力計はないが、蓄圧式である。

➡ 構造と機能については、p.177〜178参照。

消火器の名称：蓄圧式粉末消火器（手さげ式）

① →
② →

●**判別のポイント**
①指示圧力計があるので、蓄圧式である。
②ノズルの形状が強化液消火器と若干異なる。

・現在最も多く生産されている消火器はこのタイプである。

➡ 構造と機能については、p.183参照。

消火器の名称：ガス加圧式粉末消火器（手さげ式）

①
②→

●判別のポイント

①指示圧力計がないので、ガス加圧式である。

②ノズルの形状が強化液消火器と若干異なる。

・手さげ式消火器にガス加圧式があるのは、粉末消火器のみである。現在は製造を中止し、蓄圧式のみに移行しているメーカーもある。

➡ 構造と機能については、p.184 〜 185 参照。

01
鑑別問題①《消火器》

消火器の名称：蓄圧式粉末消火器（車載式）

②
① ←

この製品は、能力単位「A-10·B-20·C」で薬剤質量40kgなので大型消火器となる。

●判別のポイント

①運搬のための車輪が付いているので、車載式である。

②指示圧力計があるので、蓄圧式である。

ゴロ合わせ ➡ p.313

・写真からわかることは以上だが、問題文に「粉末消火薬剤が充てんされている」などと記されていれば、粉末消火器とわかる。

➡ 構造と機能については、p.183 参照。
➡ 大型消火器の要件は、p.240 〜 241 参照。

消火器の見分け方（手さげ式消火器の場合）

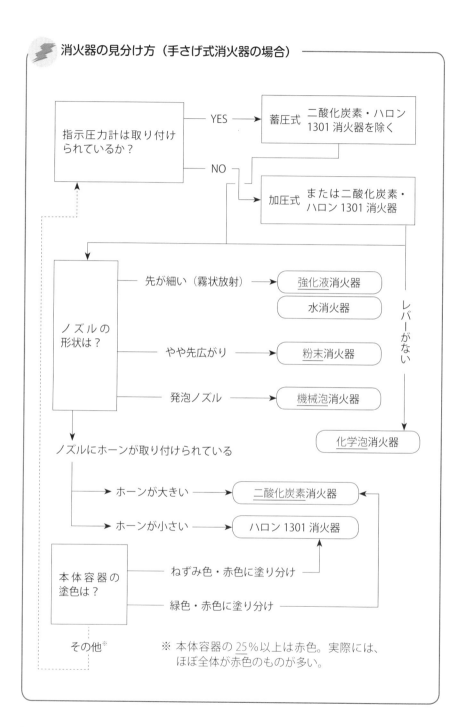

指示圧力計は取り付けられているか？

YES → 蓄圧式　二酸化炭素・ハロン 1301 消火器を除く

NO → 加圧式　または二酸化炭素・ハロン 1301 消火器

ノズルの形状は？

先が細い（霧状放射）→ 強化液消火器／水消火器

やや先広がり → 粉末消火器

発泡ノズル → 機械泡消火器

レバーがない → 化学泡消火器

ノズルにホーンが取り付けられている

ホーンが大きい → 二酸化炭素消火器

ホーンが小さい → ハロン 1301 消火器

本体容器の塗色は？

ねずみ色・赤色に塗り分け

緑色・赤色に塗り分け

その他※

※ 本体容器の 25％以上は赤色。実際には、ほぼ全体が赤色のものが多い。

鑑別問題②
〈消火器の部品・測定機器・工具等〉

ここが Point!

消火器の部品、点検に用いる測定機器や工具類の写真を
見て、その名称や用途を答えられるようにしよう。

このレッスンでは、鑑別問題への対策として、消火器の部品、点検・整
備に用いる器具や工具類、測定機器等のうち、主なものをいくつか取り上
げた。器具等の写真に、目的、用途などの説明を添えてある。

鑑別問題では、部品や器具の名称とともに、その部品が設
けられている目的や、器具の用途が問われることが多い。

部品の名称：指示圧力計

●目的

蓄圧式消火器に取り付けられ、容器内の
圧力が正常に保たれているかどうかを確
認するために使用する。

①消火器の使用圧力範囲が緑色の帯で示
　されている。細かい目盛りは付いてい
　ない。

②圧力検出部の材質を表す文字。

➡ 構造と機能については、p.190 参照。
➡ 規格については、p.259 ～ 260 参照。

部品の名称：加圧用ガス容器

●目的

ガス加圧式消火器の本体容器の内部（外部のものもある）に取り付けられる容器で、加圧用ガスが充てんされている。

使用時に作動封板が破られると、ガスが本体容器内に導入され、消火薬剤を放射するための圧力源となる。

➡ 取付位置等については、p.184 参照。
➡ 規格については、p.258 ～ 259 参照。

部品の名称：ろ過網

●目的　　　　　　　ゴロ合わせ ➡ p.314

化学泡消火器の本体容器からホース、ノズルに通じる薬剤導出管の本体容器側の開口部に設ける部品。

消火薬剤に含まれる異物を取り除き、ホースやノズルの詰まりを防ぐ。

➡ 取付位置等については、p.174 参照。
➡ 規格については、p.254 参照。

器具の名称：クランプ台

●用途

消火器の内部の点検、消火薬剤の詰替え等のためにキャップを開閉する際に、本体容器を<u>固定</u>する。
写真の製品とは異なる形状のものもある。本体容器を横向きに固定するものと、立てた状態で固定するものがある。

➡ 使用方法については、p.204 ～ 205 参照。

器具の名称：キャップスパナ

●用途

消火器の内部の点検、消火薬剤の詰め替え等のためにキャップを<u>開閉</u>する際に使用する。
写真の製品とは異なる形状のものもある。

➡ 使用方法については、p.204 ～ 205 参照。

02

鑑別問題②〈消火器の部品・測定機器・工具等〉

器具の名称：エアーガン

●用途　　　　　ゴロ合わせ ➡ p.314
消火器のサイホン管等の清掃や、通
気の確認の際に用いる。
空気圧縮機（エアーコンプレッサー）
に接続し、レバーを引くと圧縮空気
を噴出する。

➡ 使用方法については、p.212 参照。

器具の名称：反射鏡

●用途
消火器の本体容器の内部を点検する
際に用いる。点検鏡ともいう。
写真の製品は、LED ライトの光を
鏡に反射させて、点検箇所を照らす
ことができる。柄は長く伸ばせる。

器具の名称：耐圧試験機

●用途

消火器の<u>耐圧性能</u>の点検（水圧試験）に用いる。

消火器の本体容器に水を満たし、耐圧試験機を接続して所定の圧力を5分間加える試験を行う。

本体容器は、破裂事故防止用の保護枠に入れておく。

➡ 耐圧性能の点検については、p.202 参照。

器具の名称：圧力調整器

●用途　　　　　ゴロ合わせ ➡ p.314

蓄圧式消火器の<u>蓄圧ガス</u>を充てんする際に使用する。

消火器の<u>サイホン管</u>等の清掃や、通気の確認の際に、窒素ガスを使用する場合にも用いられる。

ガス加圧式の大型消火器の部品として装着されるものもある。

➡ 使用方法については、p.208 ～ 209 参照。
➡ 規格については、p.259 参照。

02

鑑別問題②〈消火器の部品・測定機器・工具等〉

器具の名称：標準圧力計

●用途

蓄圧式消火器の指示圧力計の精度の
点検や、蓄圧式消火器の内圧の測定
に用いる。

指示圧力計と異なり、細かい目盛り
が付いているので、正確な圧力値を
測定することができる。

絶対圧力とゲージ圧力

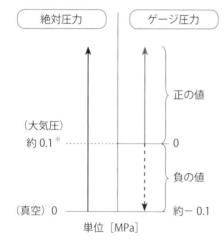

圧力値の表し方には、絶対圧
力とゲージ圧力の2種類があ
る。

絶対圧力は真空を基準（0）
とするのに対し、ゲージ圧力
は大気圧を基準（0）とする。
通常用いられる圧力計に示さ
れる値は、ゲージ圧力である。

290

練習問題にチャレンジ！

問 題 ▶解答と解説は p.297 〜 299

問題01

下の **1 〜 3** の写真に示す消火器の名称を答えよ。

1

2

3

解答欄

1	
2	
3	

➡ Lesson 01

下の写真に示す消火器について、**1 ～ 3** の設問に答えよ。

←本体容器の 2 分の 1 以上が緑色

1 この消火器の名称を答えよ。

2 この消火器の加圧方式を答えよ。

3 赤い矢印で示す部品の名称と、この部品が設けられている目的を答えよ。

解答欄

1	
2	

3	名称	
	目的	

➡ Lesson 01

問題 03

　下図は消火器の構造を示したものである。この図を見て、**1 ～ 3** の設問に答えよ。

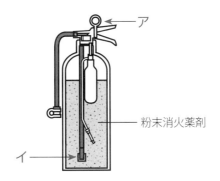

粉末消火薬剤

ア

イ

1　この消火器の名称を答えよ。
2　アの部品の名称を答えよ。
3　イの部品の名称と、この部品が設けられている目的を答えよ。

解答欄

1		
2		
3	名称	
	目的	

➡ Lesson 01

6 章　練習問題にチャレンジ！

下の写真は、消火器の部品である。この写真を見て、**1 ～ 3** の設問に答えよ。

1 この部品の名称を答えよ。
2 この部品が取り付けられる消火器の名称を答えよ。
3 この部品が取り付けられる位置と目的を答えよ。

解答欄

1	
2	

3	位置	
	目的	

→ Lesson 02

問題 05

下の写真は、消火器の部品である。この写真を見て、**1〜4**の設問に答えよ。

1　この部品の名称を答えよ。
2　この部品が取り付けられる消火器の加圧方式を答えよ。
3　文字板の①の範囲は緑色の帯で示されているが、この範囲は何を表しているか。
4　文字板の②の部分に書かれている「SUS」の文字は、何を表しているか。

解答欄

1	
2	
3	
4	

➡ Lesson 02

　下の写真は、消火器の点検・整備の際に用いる器具である。この写真を見て、**1 ～ 2** の設問に答えよ。

1　この器具の名称を答えよ。
2　この器具の用途を答えよ。

解答欄

1	
2	

➡ Lesson 02

解答と解説　▶問題は p.291 〜 296

問題 01　正解

1	蓄圧式機械泡消火器
2	蓄圧式粉末消火器
3	破蓋転倒式化学泡消火器

1 は、指示圧力計があるので蓄圧式、発泡ノズルの独特の形状から、機械泡消火器とわかる。2 は、指示圧力計があるので蓄圧式、先広がりになったノズルの形状から、粉末消火器とわかる。3 は、ハンドルキャップの独特の形状や、レバーがないことなどから、化学泡消火器とわかる。上部に押し金具が突出しているので、破蓋転倒式である。

➡ 間違えた人は、Lesson 01 を復習しよう。

問題 02　正解

1		二酸化炭素消火器
2		蓄圧式
3	名称	ホーン握り
	目的	〈解答例〉放射時の気化熱によりホーンが冷却されるので、凍傷防止のために取り付けられている。

本体容器の 2 分の 1 以上が緑色に塗られているのは、二酸化炭素消火器である。ラッパ状の大きなホーンも、この消火器の特徴となっている。

➡ 間違えた人は、Lesson 01 を復習しよう。

問題03 正解

1	ガス加圧式粉末消火器	
2	安全栓	
3	名称	粉上り防止用封板
	目的	〈解答例〉消火器の使用時以外に、粉末消火薬剤がサイホン管に流入しないようにするために取り付けられている。

　構造図の本体容器の内部に加圧用ガス容器が取り付けられていること、消火薬剤が粉末であることなどから、ガス加圧式粉末消火器とわかる。粉上り防止用封板は、ガス加圧式粉末消火器のサイホン管に取り付けられる部品である。

➡ 間違えた人は、Lesson 01 を復習しよう。

問題04 正解

1	ろ過網	
2	化学泡消火器	
3	位置	〈解答例〉本体容器からホース、ノズルに通じる薬剤導出管の、本体容器側の開口部。
	目的	〈解答例〉消火薬剤に含まれる異物を取り除き、ホース、ノズルの詰まりを防ぐ。

　現在製造されている消火器で、ろ過網を設けなければならないものは、化学泡消火器のみである。

➡ 間違えた人は、Lesson 02 を復習しよう。

問題 05 　正解

1	指示圧力計
2	蓄圧式
3	〈解答例〉消火器の適正な使用圧力範囲（蓄圧力）を表している。
4	〈解答例〉圧力検出部（ブルドン管）の材質を表している。「SUS」はステンレス鋼製であることを示す。

指示圧力計の圧力検出部の材質を表す文字の意味は、以下のとおりである。
SUS　：ステンレス鋼
PB　　：リン青銅
Bs　　：黄銅
BeCu　：ベリリウム銅

➡ 間違えた人は、Lesson 02 を復習しよう。

問題 06 　正解

1	クランプ台
2	〈解答例〉消火器の内部の点検や消火薬剤の詰替えを行うために消火器を分解する際に、本体容器を固定する。

　クランプ台には、問題の写真の製品のように本体容器を横向きに固定するもののほかに、本体容器を立てた状態で固定するものもある。

➡ 間違えた人は、Lesson 02 を復習しよう。

機械に関する基礎的知識公式集

力のモーメント

$$M = Fd$$

M：力のモーメント [N·m]
F：力の強さ [N]
d：回転軸から作用線までの距離 [m]

仕　事

$$W = Fs$$

W：仕事 [J]
F：力の強さ [N]
s：動かした距離 [m]

仕事率

$$P = \frac{W}{t}$$

P：仕事率 [W]
W：仕事 [J]
t：時間 [s]

最大静止摩擦力

$$F_0 = \mu N$$

F_0：最大静止摩擦力 [N]
μ：静止摩擦係数
N：垂直抗力 [N]

応　力

$$\sigma = \frac{W}{A}$$

σ：応力 [MPa]
W：荷重 [N]
A：断面積 [mm²]

ひずみ

$$\varepsilon = \frac{\lambda}{l} = \frac{l_0 - l}{l}$$

ε：ひずみ
λ：変形量
l：もとの長さ
l_0：変形後の長さ

静水圧

$$p = \rho gh$$

p：静水圧 [Pa]
ρ：水の密度（約 1,000kg/m³）
g：重力加速度（約 9.8m/s²）
h：深さ [m]

ゴロ合わせで覚えよう！

主な特定防火対象物

旅館の浴場　サウナの熱気
（旅館）　（蒸気浴場・熱気浴場）

飲食の販売は　　100階の
（飲食店）（物品販売店舗）（百貨店）

絵が幼稚な　レストランで
（映画館）（幼稚園）（料理店）

主な特定防火対象物として、旅館、蒸気浴場・熱気浴場、飲食店、物品販売店舗、百貨店、映画館、幼稚園、料理店がある。

→ p.21

防災管理の対象

いいかい　ワンマン
（11階以上）　（1万m² 以上）

小姑の　　　　煮豆
こ じゅうと
（5階以上10階以下）（2万m² 以上）

夜まで　がまん
（4階以下）　（5万m² 以上）

防災管理の基準は、11階以上では延べ面積（または床面積の合計）10,000m² 以上、5階以上10階以下では延べ面積（または床面積の合計）20,000m² 以上、4階以下では延べ面積（または床面積の合計）50,000m² 以上である。

→ p.37

消防法上の危険物

危険なので、
(危険物)

二重のドアを
(20)　(℃)

固く閉めておきたい
(固体)　　(液体)

⇨ 危険物は、1気圧において、温度 <u>20</u>℃で<u>固体</u>、または<u>液体</u>の状態にある。

➡ p.44

消防設備士免状の記載事項

甲府の　　　　　青年
(交付年月日・交付番号)(生年月日)

本籍は　　　　銘酒の産地
(本籍地の都道府県)(氏名・免状の種類)

これ、10年前の証拠写真
(過去10年以内の写真)

⇨ 消防設備士免状の記載事項は、免状の<u>交付年月日</u>及び<u>交付番号</u>、<u>氏名</u>及び<u>生年月日</u>、<u>本籍地</u>の属する都道府県、免状の<u>種類</u>、過去<u>10年</u>以内に撮影した<u>写真</u>である。

➡ p.75

水槽の能力単位

ばあさん　80で　いちご好き
（バケツ3個）（80L）（1.5）

6個　ひとくち　ニッコニコ
（6個）（190L）（2.5）

⇨ 水槽の能力単位は、容量8L以上の消火専用バケツ3個以上を有する容量80L以上のもの1個を1.5単位、消火専用バケツ6個以上を有する容量190L以上のもの1個を2.5単位とする。

➡ p.101

附加設置の基準

元気　100パー
（電気）（100m²）

双子の　活気
（25m²）（火気）

⇨ 防火対象物またはその部分に、電気設備がある場合の消火器の個数は、電気設備がある場所の床面積を100m²で割った数値以上が必要となり、多量の火気を使用する場所がある場合の消火器具の能力単位の数値の合計数は、火気を使用する場所の床面積を25m²で割った数値以上が必要となる。

➡ p.104

ゴロ合わせで覚えよう！

消火器の設置基準

大クワガタは　**山林に**
（大型消火器）　（30 m）

小クワガタは　**庭に**
（小型消火器）　（20 m）

⇨ 大型消火器は、防護対象物の各部分からの歩行距離が原則として **30 m 以下**、小型消火器は原則として **20 m 以下** となるように設置しなければならない。

➡ p.110

二酸化炭素消火器・ハロゲン化物消火器

兄さんが　　**腹芸**
（二酸化炭素消火器）（ハロゲン化物消火器）

近い　順に
（地下街）（準地下街）

こっちかい　向こうかい？
（地階）　（無窓階）

⇨ 二酸化炭素消火器とハロゲン化物（ハロン1301を除く）消火器は、**地下街**、**準地下街**、換気について有効な開口部が一定以下の **地階**、**無窓階**等に設置してはならない。

➡ p.111

2章　消防関係法令（第6類）

力の三要素

大木さん　咆哮
（大きさ）　　（方向）

さよー！って
（作用点）

🔄 力の三要素とは、力の**大きさ**、**方向**、**作用点**である。

➡ **p.126**

最大静止摩擦力

ミュータントに
（μ）

重さとつり合う力をかけると
（垂直抗力）

世界が動き出す

🔄 力を加えられた物体が動き出す時点の最大静止摩擦力は、摩擦係数 μ（ミュー）に垂直抗力 N を乗じて求める。

➡ **p.137**

荷重の種類

ひっぱりだこの　関取は
（引張荷重）

まげに　ねじり鉢巻きで
（曲げ荷重）（ねじり荷重）

握手会に　挑戦だ
（圧縮荷重）　　　（せん断荷重）

➡ 荷重には、引張荷重、曲げ荷重、ねじり荷重、圧縮荷重、せん断荷重がある。

➡ p.139

弾性・塑性

男性が
（弾性）

限度超えると
（限度）

女性になる ?!
（塑性）

➡ 鋼材は、応力度が限度に達するまでは弾性を示すが、それを超えると塑性を示す。

➡ p.141

3章　機械に関する基礎的知識

金属の性質

転校生が試合で遠征
（展性）　　　　　（延性）

勝たんと　カチューシャと
（可鍛性）　　（可鋳性）

熱いキッスはできんぞう！
（熱伝導性）　　（電気良導体）

⇨ 金属は、**展性**、**延性**、**可鍛性**、**可鋳性**、**熱伝導性**に優れる電気良導体である。

➡ **p.149**

金属材料

歯がねえ短足
（鋼）　（炭素鋼）

ちゅーって吸って
（鋳鉄）　　　（ステンレス）

ひと月なんて
（非鉄金属）

ある意味　どうよ
（アルミニウム）（銅）

⇨ **炭素鋼**、**鋳鉄**、**ステンレス**は鉄鋼材料、**アルミニウム**、**銅**は非鉄金属材料である。

➡ **p.150〜151**

4章　消火器の構造・機能・整備

消火作用

水が
（水消火器）

冷たくて
（冷却作用）

息つめてるの
（窒息作用）

兄さんか
（二酸化炭素消火器）

水消火器は**冷却**作用のみ、二酸化炭素消火器は**窒息**作用のみを有する。

➡ **p.170、177**

排圧作業

ハイなあっせんでドライバーに
（排圧栓）　　　　　　　（ドライバー）

ハイなあっせんがない人は
（排圧栓）

逆立ちでもしてれば～
（逆さにする）　　　（レバー）

排圧栓付きの蓄圧式消火器は、**ドライバー**で排圧栓を徐々に緩めて排圧し、排圧栓のないものは、容器を**逆さ**にし、**レバー**を徐々に握って排圧する。

➡ **p.204**

4章　消火器の構造・機能・整備

加圧式粉末消火器の分解と組立て

ガミガミ母さんがいなくなったら
（加圧用ガス容器取りはずし後）

耳栓はずそ
（安全栓）

でも　母さんが帰る前には
（加圧用ガス容器取付け前）

耳栓つけなきゃ
（安全栓）

安全栓は、加圧用ガス容器をはずした後にはずし、加圧用ガス容器を取り付ける前にセットする。

➡ p.211、214

消火薬剤の溶解方法

天ぷら粉の

だまにならない溶き方は

水に粉を少しずつ入れて
（水に消火薬剤を少しずつ入れる）

消火薬剤を溶解するときは、消火薬剤に水を注ぐのではなく、水に消火薬剤を溶き入れる。

➡ p.218

5章　消火器の規格

消火器の放射性能

重病人に　薬剤くれ
（10秒以上）　　　（90%以上）

蚊がくるときはヤゴを放出
（化学泡消火薬剤）　　（85%以上）

➡ 消火器は、温度20℃で<u>10秒</u>以上放射でき、充てん消火薬剤量の<u>90%</u>以上（化学泡消火薬剤の場合は<u>85%</u>以上）を放射できるものでなければならない。

➡ p.241

ホースを取り付けなくてもよい消火器

ハロー元気？て　　読みまんねん
（ハロゲン化物消火器）　（4kg未満）

ふん！まったく
（粉末消火器）

インチキいかさま！
（1kg以下）

➡ ホースを取り付けなくてもよい消火器は、消火薬剤の質量が<u>4kg未満</u>の<u>ハロゲン化物</u>消火器と、消火薬剤の質量が<u>1kg以下</u>の<u>粉末</u>消火器である。

➡ p.253

強化液消火薬剤

教官が
（強化液）

ギョッとして
（凝固点）

20度ドン引き
（− 20℃）

⇨ 強化液消火薬剤は、凝固点が− 20℃以下でなければならない。

➡ p.262

粉末消火薬剤

1時間でしずまらない不満で
（1時間以内に沈降）　　　　　　（粉末）

えいやっと
（180）

かつぎまくれめえ
（マイクロメートル）

⇨ 粉末消火薬剤は、水面に均一に散布した場合において1時間以内に沈降しないもので、呼び寸法180μm以下の微細な粉末でなければならない。

➡ p.264

6章　実技試験（鑑別等）関連

破蓋転倒式化学泡消火器

キャップの上に突き出た角は
（押し金具）

歯がいいテントウムシの目印
（破蓋転倒式）

⇨ 破蓋転倒式化学泡消火器には、封板を破るための**押し金具**がついている。

➡ p.281

➡ p.281

二酸化炭素消火器

ホントにだいじょうぶ？
（ホーン）

顔が半分以上緑色だよ・・・
（1/2以上緑色）

⇨ 二酸化炭素消火器のノズルには、ラッパのような**ホーン**がついていて、本体容器は1/2以上が**緑色**に塗られている。

➡ p.282

蓄圧式消火器（車載式）

逐一　指示があれば
（蓄圧）（指示圧力計）

来るまで待ちます
（車）

⇨ 二酸化炭素消火器、ハロゲン化物消火器以外の蓄圧式の消火器には**指示圧力計**がついている。車載式の消火器には、運搬のための**車輪**がついている。

➡ p.283

ろ過網

鼻づまり防止に
（詰まり防止）

口を開けて
（開口部）

網を取り付けよう
（ろ過網）

ろ過網は、化学泡消火器のホースやノズルの詰まりを防ぐために、本体容器側の開口部に設ける。ノズルの先端に設けるものではないので気をつけよう。

➡ p.286

エアーガン

サイホン
（サイホン管）

清楚で　ええ感じや、て
（清掃）　　　（エアーガン）

ツウ気取り？
（通気）

エアーガンは、粉末消火器のサイホン管等の清掃や通気確認に用いる。

➡ p.288

圧力調整器

ちくわ・天カス
（蓄圧ガス充てん）

陽気に　調製
（ガス容器）（調整）

蓄圧ガスの充てん時には、ガス容器と消火器を直接結合せず、ガス容器に圧力調整器を取り付ける。

➡ p.289

さくいん

た

さくいん

本書に関する正誤等の最新情報は、下記のアドレスで確認することができます。
http://www.s-henshu.info/sb6gt2303/

上記掲載以外の箇所で正誤についてお気づきの場合は、**書名・発行日・質問事項**（**該当ページ・行数・問題番号**など）**と誤りだと思う理由**）**・氏名・連絡先**を明記のうえ、お問い合わせください。
・web からのお問い合わせ：上記アドレス内【正誤情報】へ
・郵便または FAX でのお問い合わせ：下記住所または FAX 番号へ
※電話でのお問い合わせはお受けできません。

> [宛先] コンデックス情報研究所
> 「いちばんわかりやすい! 消防設備士 6 類 合格テキスト」係
> 住　　　所：〒 359-0042 所沢市並木 3-1-9
> FAX 番号：04-2995-4362（10:00 ～ 17:00　土日祝日を除く）

※本書の正誤以外に関するご質問にはお答えいたしかねます。また、受験指導などは行っておりません。
※ご質問の受付期限は、各試験日の 10 日前必着といたします。
※回答日時の指定はできません。また、ご質問の内容によっては回答まで 10 日前後お時間をいただく
　場合があります。
あらかじめご了承ください。

監修：北里敏明（きたざと としあき）
弁護士。昭和 47 年東京大学法学部卒業、同年司法試験合格。昭和 48 年自治省に入る。昭和 53 年ハーバードロースクール入学、昭和 55 年修士（LLM）課程修了。京都市副市長、自治省大臣官房企画室長、公営企業等担当審議官、内閣府防災担当審議官などを経て、平成 14 年消防庁次長に就任。平成 15 年総務省を退官し、横浜国立大学客員教授、立命館大学非常勤講師を歴任。平成 18 年北里敏明法律事務所を開設。平成 26 年弁護士法人北里綜合法律事務所を設立。

編著：コンデックス情報研究所
1990 年 6 月設立。法律・福祉・技術・教育分野において、書籍の企画・執筆・編集、大学および通信教育機関との共同教材開発を行っている研究者・実務家・編集者のグループ。

イラスト：ひらのんさ

いちばんわかりやすい! 消防設備士6類 合格テキスト

2023年 5 月20日発行

監　修	北里敏明
編　著	コンデックス情報研究所
発行者	深見公子
発行所	成美堂出版
	〒162-8445　東京都新宿区新小川町 1 - 7
	電話(03)5206-8151　FAX(03)5206-8159
印　刷	広研印刷株式会社